JN087148

弁護士
貞 嘉徳
Sada Yoshinori

弁護士
高田翔行
Takada Shogo

著

経済安全保障 × 投資規制・貿易管理

外為法
Q&A

中央経済社

はしがき

　昨今,「経済安全保障」という言葉をよく目にし,耳にするようになりました。日本では,2021年10月,経済安全保障担当の大臣ポストが新設され,翌2022年5月には,経済安全保障推進法が成立しました。現在,同法の具体化が進められているところです。

　第二次世界大戦後の高度経済成長を経て経済活動のグローバル化が進展した一方,貿易戦争,権威主義の台頭,テロの脅威など,国際取引を取り巻く環境・国家間の利害衝突は高度化・複雑化し,近年,経済安全保障の観点から,保守的な政策を志向する傾向が強まり,各国の規制が相次いで強化されました。

　そのような中,投資規制・貿易管理など国際取引をめぐる我が国の経済安全保障法制の中核的役割を担う外為法も2021年に大幅な改正が行われました。今後,外為法の果たす役割の重要性はますます高まると同時に,より身近な法律として,事業活動を行う上で接する機会が増えてくることが予想されます。

　最近では,みずほ銀行のシステム障害時の海外送金問題やロシアの軍事侵攻に伴う経済制裁など,外為法が関連する事象が記憶に新しいですが,これまで外為法はあまり意識されることのない馴染みの薄い法律でした。しかし,自分とは関係ない,そんな規制は知らなかったですまされる時代ではありません。民主主義と権威主義との対立の中で,友好国は,有機的に一体として機能する安全保障体制の構築・強化を目指しており,外為法違反はもはや一国の問題にとどまらない重みを持っています。

　世界情勢の変化に応じて改定される複雑難解な外為法の規制内容を網羅的に理解・把握することは法律の専門家でも困難ですが,国際取引に携わる担当者として,外為法の概要を理解し,ポイントを押さえることはそれほど難しいこ

とではありません。これって外為法上は問題にならない？　という勘所を養うことが重要です。

　本書は，このような観点から，網羅性や精緻性を犠牲にすることをいとわずに，思い切った情報の取捨選択を行いました。事業活動を行う上で直面することが多く，国際取引に携わる担当者が日常業務の中で知っておくべき重要なテーマを中心に，具体的な事例を交えつつ，Q&A 方式でわかりやすく，シンプルでありながら，一歩踏み込んだ解説を行っています。

　なお，本書は，外為法の規制対象である，①支払等，②資本取引等，③対内直接投資等，④外国貿易の４つの類型の取引について，読者が参照すべき該当箇所を見つけやすいようにするため，投融資編（②，③），送金編（①），貿易編（④）という３つのカテゴリに組み替えて構成しています。

　本書が国際取引に携わる担当者の皆様にとって，少しでもお役に立てば幸いです。

　最後になりましたが，本書の執筆に際しては，株式会社中央経済社の石井直人氏をはじめ関係者の皆様に多大なご協力をいただきました。この場をお借りして，深く感謝申し上げます。

2023 年 2 月

執筆者代表

貞　嘉徳

目　　次

第3章　送金編

略称表記

【法律】

- **法または外為法**………外国為替及び外国貿易法
- **重要土地等調査法**……重要施設周辺及び国境離島等における土地等の利用状況の調査及び利用の規制等に関する法律

【政令】

- **外為令**……外国為替令
- **直投令**……対内直接投資等に関する政令
- **輸出令**……輸出貿易管理令
- **輸入令**……輸入貿易管理令

【省令】

- **外為省令**…………外国為替に関する省令
- **報告省令**…………外国為替の取引等の報告に関する省令
- **直投命令**…………対内直接投資等に関する命令
- **貿易外省令**………貿易関係貿易外取引等に関する省令
- **遵守基準省令**……輸出者等遵守基準を定める省令
- **輸出規則**…………輸出貿易管理規則
- **貨物等省令**………輸出貿易管理令別表第一及び外国為替令別表の規定に基づき貨物又は技術を定める省令
- **輸入規則**…………輸入貿易管理規則

【告示】

- **為替告示**…………基準外国為替相場及び裁定外国為替相場を定める件
- **免除基準告示**……外国為替及び外国貿易法第二十七条の二第一項の規定に基づき，財務大臣及び事業所管大臣が定める対内直接投資等が国の安全等に係る対内直接投資等に該当しないための基準を定める件

- 免除基準告示（特定取得）……外国為替及び外国貿易法第二十八条の二第一項の規定に基づき，財務大臣及び事業所管大臣が定める特定取得が国の安全に係る特定取得に該当しないための基準を定める件

- 指定業種告示……対内直接投資等に関する命令第三条第三項の規定に基づき，財務大臣及び事業所管大臣が定める業種を定める件

- 指定業種告示（特定取得）……対内直接投資等に関する命令第三条第一項及び第四条第二項の規定に基づき，財務大臣及び事業所管大臣が定める業種を定める件

- コア業種告示……対内直接投資等に関する命令第三条の二第三項の規定に基づき，財務大臣及び事業所管大臣が定める業種を定める件

- コア業種告示（特定取得）……対内直接投資等に関する命令第四条の三第一項の規定に基づき，財務大臣及び事業所管大臣が定める業種を定める件

- イラン告示………対内直接投資等に関する命令第三条第六項の規定に基づき財務大臣及び事業所管大臣が定める対内直接投資等を定める件

- 輸入公表…………輸入割当てを受けるべき貨物の品目，輸入の承認を受けるべき貨物の原産地又は船積地域その他貨物の輸入について必要な事項の公表

【通達】

- 解釈通達……外国為替法令の解釈及び運用について

- 役務通達……外国為替及び外国貿易法第25条第1項及び外国為替令第17条第2項の規定に基づき許可を要する技術を提供する取引又は行為について

- 運用通達……輸出貿易管理令の運用について

【その他】

- パブコメ回答……対内直接投資等に関する政令等の一部を改正する政令案及び対内直接投資等に関する命令の一部を改正する命令案等，対内直接投資等に関する業種を定める告示案等に対する意見募集の結果について（別紙1）意見への考え方

- 日銀 QA（対内直接投資・特定取得編）

　　　……日本銀行　外為法 Q&A（対内直接投資・特定取得編）
　　　令和 3 年 10 月改訂版

- 日銀 QA（資本取引編）

　　　……日本銀行　外為法 Q&A（資本取引編）
　　　令和 4 年 10 月改訂版

第 1 章

総 論
(Q1～Q4)

Q1 外為法とは

> 外為法はどのような法律ですか。

ポイント

✓　外為法は，大きく分けて，①支払等，②資本取引等，③対内直接投資等，④外国貿易の4つの類型の対外取引を規制しています。

✓　外為法は，対外取引に関する経済法の中核として発展を遂げてきました。現在では，外国為替の管理が主目的であった制定当初の姿から大きく変容し，対外取引に関する安全保障法制の中心的役割を果たしています。

A. 解説

1　はじめに

　外為法の正式名称は，「**外国為替及び外国貿易法**」といいます。法律の名称には，外国為替と外国貿易のことしか記載されていませんが，外為法の規制対象はこれらに限られません。

　外為法は，日本と外国との間の取引（対外取引）に関する経済法の中核として，国内外の政治・経済情勢の影響を強く受けながら，戦前戦後を通じた統制強化と規制緩和の流れの中で，発展を遂げてきました。現在の外為法は，対外取引に関する安全保障法制の中心的役割を担っており，外国為替の管理が主目的であった制定当初の姿から，大きく変容しています。

2　外為法の歴史

(1)　外国為替管理のはじまり

　外為法の歴史は，国際金融恐慌に伴う急激な円相場の下落を背景に，外国為替の管理（日本円と外国通貨との交換を管理すること）を目的として，1932年に「資本逃避防止法」が制定されたことに遡ります。

(2)　外国為替管理のための貿易管理の追加

　第二次世界大戦後の1949年には、「外国為替及び外国貿易管理法」が制定されました。従来の規制対象は外国為替（お金の流れ）に限られていましたが、より効果的な外国為替の管理を行うために、外国為替及び外国貿易管理法の下では、外国為替の発生原因となる貿易（モノの流れ）が規制の対象に加えられました。

(3)　経済法から安全保障法へ（外国為替管理から安全保障貿易管理へ）

　外為法は外国為替の管理を目的とする法律でしたが、1952年に日本がココム[1]へ参加したことに伴い、外為法に基づき、外国為替の管理を目的としない貿易管理（経済外の理由による貿易管理）が行われるようになり、この頃から、現在の安全保障貿易管理の先駆けといえる取組みが始められました。

　その後、1980年には、それまで原則禁止であった法律の建前が原則自由の体系に改められるとともに、従来「外資に関する法律」（外資法）の下で規制されていた対内直接投資が新たに規制対象として加えられました（外資法は廃止）。

　1987年には、大手工作機械メーカーによるココム規制違反の不正輸出事件が発生し、日米間の大きな外交問題に発展したことを背景に、安全保障の観点（国際的な平和および安全の維持）からの規制が行われることが法文上明確な形で整理されるとともに、罰則および行政上の制裁の強化が行われました。また、2004年には、法1条に「我が国又は国際社会の平和及び安全の維持」という文言が追加され、外為法の目的として安全保障が含まれることが明確にされました。

3 ┃ 外為法コンプライアンス

　外為法が規制対象としている対外取引は、大きく、①支払等（第3章　16条

1　対共産圏輸出統制委員会（Coordinating Committee for Multilateral Export Controls）。

から19条）（Q39以下），②資本取引等（第4章 20条から25条の2²⁾）（Q27以下），③対内直接投資等（第5章 26条から30条）（Q5以下），④外国貿易（第6章 47条から54条）（Q48以下）の4つの類型に分けることができます。

　外為法の規制目的は，外国為替管理や貿易管理といった従来の伝統的な経済的理由に基づく内容から，安全保障の観点へとその重点がシフトしています。

　外為法コンプライアンスの難しさの理由の1つとして，このような規制対象取引の多様性と規制目的の多元性という観点を挙げることができます。ある取引について，それがどのような類型の対外取引として，どのような規制目的の下に，どのような内容の規制を受けるのかに関して，複雑な外為法の規定を正確に読み解くことは簡単ではありません。

　その一方，外為法違反の結果は深刻であり（Q24，Q38，Q47，Q54参照），慎重な対応が求められます。現在の外為法は，従来からの伝統的な経済法としての役割を超えて，安全保障法としての色彩を強めています。経済安全保障という言葉に代表されるように，昨今では，経済と安全保障とが交錯する場面が頻繁に議論されるようになり，もはや経済的理由による規制と経済外の理由による規制との境界は曖昧になってきています。

　とりわけ国内外の政治・経済情勢が高度に複雑化した今日では，外為法による規制は，今後ますます専門性が高まると同時に重要性が高まり，それに伴い，トラブルも増えてくることが予想されます。

　さらなる発展のために，外為法の解釈をめぐる活発な議論が期待されます。規制ありきの議論ではなく，外為法が，営業の自由（憲法22条）や財産権（同29条）といった憲法上の権利を「公共の福祉」の観点から制約する規制法であることを常に意識した慎重な議論が望まれるところです³。

2　法25条及び25条の2は，本書では「貿易編」（Q48以下）で解説しています。
3　外為法と憲法との関係について言及した裁判例としては，ココム規制を踏まえ，旧共産圏への輸出を不承認とした処分について，行政裁量の逸脱を認めて違法と判断したココム訴訟（東京地判昭44・7・8）が有名です。

Q₂ 外為法の体系

外為法の体系を教えてください。

A. 解説

　外為法は，専門的な判断を要する事項や，国内外の政治・経済情勢等の変化に応じて迅速な改正が求められる事項を中心として，比較的広範囲の事項を下位規範に委任しています。このような下位規範の形式には，上位のものから順に，政令[1]，省令[2]，告示，通達[3]が存在します。

　これらの下位規範は，多数存在しますが，政令と省令に限定して，大きな構造を図示すると図表2-1のとおりになります。

　このように，外為法の法体系は重層的かつ細分化されており，非常に複雑ですが，本書では，主要な取引類型の冒頭の設問（Q6〔対内直接投資等〕，Q28〔資本取引〕，Q40〔支払等〕およびQ49〔外国貿易〕）において，当該取引類型に関する法体系の概要を解説しています。

　政令と省令の他にも，多数の告示や通達が存在しており，規制内容や規制当局の考え方を正確に理解するためには，法律だけでなく，政省令，告示や通達の内容を確認する必要があります。

　たとえば，Q43において解説する支払等の事前許可に関する規制については，まず，法16条1項は，「主務大臣は，…政令で定めるところにより，…支払等をしようとする居住者に対し，…許可を受ける義務を課することができる。」（傍点は筆者）と規定しています。これを受けて，外為令6条1項は，「財務大臣…は，法第16条第1項…の規定に基づき…許可を受ける義務を課する場合に

1　政令（施行令）は，憲法・法律を実施するために法律の委任に基づいて内閣が制定するルールです（憲法73条6号）。
2　省令（施行規則）は，各省大臣が担当する行政事務について，法律・政令を施行するためまたは法律・政令の委任に基づいて定めるルールです（国家行政組織法12条）。
3　通達は，行政機関の内部における解釈基準等を明らかにする文書であり，国民や裁判所に対する法的拘束力を有するものではありません。（国家行政組織法14条2項参照）

【図表2−1】外為法の法体系

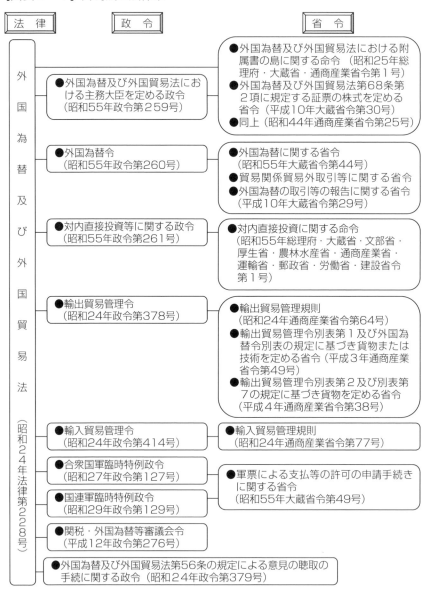

法　律	政　令	省　令
外国為替及び外国貿易法（昭和24年法律第228号）		●外国為替及び外国貿易法における附属書の島に関する命令（昭和25年総理府・大蔵省・通商産業省令第1号） ●外国為替及び外国貿易法第68条第2項に規定する証券の株式を定める省令（平成10年大蔵省令第30号） ●同上（昭和44年通商産業省令第25号）
	●外国為替及び外国貿易法における主務大臣を定める政令（昭和55年政令第259号）	
	●外国為替令（昭和55年政令第260号）	●外国為替に関する省令（昭和55年大蔵省令第44号） ●貿易関係貿易外取引等に関する省令 ●外国為替の取引等の報告に関する省令（平成10年大蔵省令第29号）
	●対内直接投資等に関する政令（昭和55年政令第261号）	●対内直接投資に関する命令（昭和55年総理府・大蔵省・文部省・厚生省・農林水産省・通商産業省・運輸省・郵政省・労働省・建設省令第1号）
	●輸出貿易管理令（昭和24年政令第378号）	●輸出貿易管理規則（昭和24年通商産業省令第64号） ●輸出貿易管理令別表第1及び外国為替令別表の規定に基づき貨物または技術を定める省令（平成3年通商産業省令第49号） ●輸出貿易管理令別表第2及び別表第7の規定に基づき貨物を定める省令（平成4年通商産業省令第38号）
	●輸入貿易管理令（昭和24年政令第414号）	●輸入貿易管理規則（昭和24年通商産業省令第77号）
	●合衆国軍臨時特例政令（昭和27年政令第127号）	●軍票による支払等の許可の申請手続きに関する省令（昭和55年大蔵省令第49号）
	●国連軍臨時特例政令（昭和29年政令第129号）	
	●関税・外国為替等審議会令（平成12年政令第276号）	
	●外国為替及び外国貿易法第56条の規定による意見の聴取の手続に関する政令（昭和24年政令第379号）	

（出所）経済産業省ウェブサイト

は，あらかじめ，告示により，…指定…するものとする。」（傍点は筆者）と規
定しています。そして，この規定を受けて，財務大臣は，「外国為替及び外国
貿易法第16条第1項又は第3項の規定に基づく財務大臣の許可を受けなければ
ならない支払等を指定する件」という名称の告示を定めています。

　このように，外為法は，多数の下位規範を有する重層的な法体系を形成して
おり，個別具体的な規制内容を正確に理解するためには，このような構造を常
に意識しておくことが重要です。

Q3 外為法が問題となる場面

どのような場面で外為法を気にしなければなりませんか。

a．海外で行われる取引や日本国内で完結する取引についても外為法は適用されますか。

b．個人や規模の小さい事業者でも外為法は適用されますか。

ポイント

✓　外為法は，越境的要素のある経済活動を広く規制の対象としており，海外で行われる取引や日本国内で完結する取引であっても，規制が及ぶ場合があります。

✓　外為法は，資本金の多寡や従業員数にかかわらず，すべての企業に適用されます。また，事業者であるかどうかにかかわらず，個人に対しても適用されます。

A．解説

1 ┃ 外為法の規制対象となる取引

　法1条は，「この法律は，外国為替，外国貿易その他の対外取引が自由に行われることを基本とし，対外取引に対し必要最小限の管理又は調整を行う・・・」と規定し，外為法の規制対象が「対外取引」であることを明らかにしています。

　「対外取引」が具体的に何を意味するかについて，外為法に定義は置かれていませんが，現在，外為法では，①支払等，②資本取引等，③対内直接投資等，④外国貿易の大きく4つの類型の「対外取引」が規制されています。

　日本と外国との間で国境を跨いで行われるお金やモノの移動が外為法の規制を受けることは直感的に理解しやすいと思いますが，海外で行われる取引や日本国内で完結する取引であっても，外為法の規制が及ぶ場合があります。たと

えば，日本の会社が海外の銀行の預金を利用して海外の企業との間で資金の決済を行うこと（Q41参照），外資系の日本企業（日本法人）が日本国内において他の日本企業（日本法人）を買収すること（Q7参照），あるいは日本国内の外国人従業員に対して機微情報を提供することは（Q52参照），いずれも外為法の規制対象となる場合があります。

　つまり，①国境を跨ぐ取引だけでなく，②居住者・非居住者間で行われる取引のほか，③居住者間で行われる取引であっても外国からの影響が強く及んでいる居住者との間の取引や外国通貨を使用して行われる取引など，越境的な要素のある経済活動は，広く外為法の適用を受け，規制対象となる場合があることに留意する必要があります（なお，居住者・非居住者の概念については，Q4において解説します）。

2　外為法の適用を受ける者

　個人であるか法人であるか，あるいは大企業であるか中小企業であるかといった取引当事者の経済規模の大小にかかわらず，規制対象となる対外取引を行う限り，外為法は等しく適用されます。

　この点，外為法令上，少額の取引や小規模の取引は規制対象から除かれている場合があり，大企業に比べて，個人や中小企業が外為法の規制を受ける場面は限られるかもしれません。しかしながら，外為法上，取引金額の多寡や取引規模の大小を問わず規制対象とされている場合も数多くありますので，個人や中小企業であっても，外為法の適用を受けるか否かについて，慎重に検討の上で対応することが求められます。

　外為法に違反すると，行政処分や刑事罰の対象となるだけでなく（Q 24，Q38，Q47，Q54参照），事案が公表されることによるレピュテーションリスクなど，事業活動に与える影響は甚大です。うっかりミスで外為法違反を犯してしまうことのないよう，事業の規模や活動内容に応じて，しっかりとしたコンプライアンス体制を構築する必要があります。

Q 4　外為法の重要な概念

居住者・非居住者の概念について教えてください。
a．自然人について，居住者への該当性はどのように判断されますか。
b．法人について，居住者への該当性はどのように判断されますか。

ポイント

✓　「居住者」・「非居住者」の概念は，外為法の適用の有無を左右する重要な概念であり，正確に理解する必要があります。

✓　自然人については，日本国内に住所または居所を有するか否かにより判断され，日本国籍の有無によってただちに結論が導かれるものではありません。

✓　法人については，日本国内に主たる事務所を有するか否かにより判断され，設立準拠法により判断されるものではありません。なお，法人自体の居住者性とは別に，当該法人の支店，出張所等の居住者性も検討する必要があります。

A．解説

1　はじめに

外為法が規制対象とするのは，越境的要素が認められる取引であるため，たとえば，資本取引等（Q27以下）や支払等（Q39以下）に関するルールの適用の有無は，それが外為法上の「居住者」・「非居住者」間で行われるか等に左右されます。また，対内直接投資等（Q5以下）に関するルールの適用対象は，外為法上の「外国投資家」ですが，「外国投資家」の該当性を判断するに際しては，「居住者」・「非居住者」を正確に区別する必要があります。

このように，「居住者」・「非居住者」の概念は，外為法全体を通じて，重要な意味を持ちます。

外為法上,「居住者」とは,①日本国内に住所または居所を有する自然人と,②日本国内に主たる事務所を有する法人をいい（法6条1項5号前段），これらに該当しない自然人および法人が「非居住者」に該当します（同項6号）。もっとも,法人については,法人自体が「居住者」・「非居住者」のいずれに該当するかという判断とは別に,当該法人の支店,出張所等の事務所が「居住者」・「非居住者」のいずれに該当するかという判断を必要とします（同項5号後段）。

実際の判断は,財務省の通達である「外国為替法令の解釈及び運用について」（解釈通達）の定める判断基準を参照して行うことになります。以下においては,自然人と法人に分けた上で,当該通達の定める判断基準を解説します。

2 自然人

自然人については,住所（生活の本拠）または居所（ある一定期間継続して居住する場所）を日本国内に有するか否かによって,「居住者」・「非居住者」の該当性を判断します。もっとも,住所や居所といった概念は抽象的であり,それが日本国内にあるか否かは一義的には明らかになりません。

(1) 日本人

日本人は,原則として,日本国内に住所または居所を有するものと推定され,居住者として取り扱われます。もっとも,以下に該当する日本人については,外国に住所または居所を有するものと推定され,非居住者として取り扱われます。

---

a．外国にある事務所（日本企業の海外支店や現地法人，国際機関など）に勤務する目的で出国し外国に滞在する者
b．2年以上外国に滞在する目的で出国し外国に滞在する者
c．日本を出国後，外国に2年以上滞在するに至った者
d．上記のいずれかに該当する者であって，事務連絡，休暇等のため一時帰国し，その滞在期間が6月未満の者

(2)　外国人

　外国人は，原則として，外国に住所または居所を有するものと推定され，非居住者として取り扱われます。もっとも，以下に該当する外国人については，日本に住所または居所を有するものと推定され，居住者として取り扱われます。

・日本国内にある事務所に勤務する者
・日本に入国後6月以上経過するに至った者

---

3 ｜ 法　人

(1)　法人自体

　法人自体の居住性は，日本国内に主たる事務所を有するか否かにより判断され，設立準拠法により判断されるものではありません。

　そのため，日本法人（日本法を設立準拠法とする法人）であるか外国法人（外国法を設立準拠法とする法人）であるかを問わず，日本国内に主たる事務所を有する法人は「居住者」，外国に主たる事務所を有する法人は「非居住者」に該当します。

(2)　法人の支店，出張所等の事務所

　法人の支店，出張所等の事務所が「居住者」・「非居住者」のいずれに該当するかについては，①日本法人の外国にある支店，出張所等の事務所は非居住者，②外国法人の日本にある支店，出張所等の事務所は居住者として取り扱われます。

(3)　具体例

　たとえば，日本に主たる事務所を有する日本法人自体は居住者に該当するものの，当該法人の外国にある支店，出張所等の事務所は非居住者に該当します。

　また，日本に主たる事務所を有する日本法人の子会社たる外国法人について

は，その主たる事務所が外国に存在する場合には，当該外国法人（子会社）自体は非居住者に該当する一方，当該外国法人（子会社）の日本にある支店，出張所等の事務所は居住者に該当します。

4 認定手続

「居住者」・「非居住者」の該当性の判断基準は以上のとおりですが，それでもなおいずれに該当するかが明らかでない場合には，営業または勤務に従事しているかどうか，収入をどこで受けているか等についての資料を提出した上で，財務大臣による認定を受けることが可能です（法6条2項，外為省令3条，解釈通達6-1-5，6の4）。

第 2 章

投融資編

（Q 5 〜 Q38）

1　対内直接投資等

Q5　対内直接投資等の規制の概要

> 対内直接投資等の規制の概要はどのようなものですか。

ポイント

- ✓　外国投資家による対内直接投資は，事前届出または事後報告が必要となる場合があります。
- ✓　事前届出が必要となるのは，①指定業種に関する投資，②相互主義が確保されていない国・地域からの投資，または③イラン関係者による特定の核関連業種に関する投資のいずれかに該当する場合です。
- ✓　実務上検討する機会が最も多いのは，①の指定業種に関する投資です。

［事前届出が必要となる3つの投資類型］
①　**指定業種に関する投資**（＊実務上検討する機会が最も多い投資類型）
②　相互主義が確保されていない国・地域からの投資
③　イラン関係者による特定の核関連業種に関する投資

A．解説

1　はじめに

　外国からの投資は，雇用の創出や生産性の向上など，日本経済の活性化にとって好ましい影響をもたらしますが，その一方で，国の安全等に関わる事業に対する投資を無制限に認めることは，日本の安全保障の観点から問題があります。また，国内産業が外資との激しい競争にさらされることで，経営基盤が不安定になるといった問題もあります。

　外為法は，こういったマイナスの影響に対処するため，対内直接投資等の規

制を設けています。

2 ｜ 規制の沿革

(1) 外資法の下での認可制

　日本の対内直接投資制度の沿革は，1950年に外為法の特別法として制定された「外資に関する法律」（外資法）に遡ります。

　同法は，その目的を「日本経済の自立とその健全な発展及び国際収支の改善に寄与する外国資本に限りその投下を認め，外国資本の投下に伴って生ずる送金を確保し，且つ，これらの外国資本を保護する適切な措置を講じ，もって我が国に対する外国資本の投下のための健全な基礎を作る」と定めており，外国資本の導入については，主務大臣の認可を受けたものに限って認めるという認可制[1]を採用していました。

(2) OECDへの加盟に伴う自由化への流れ

　その後，日本は，1964年にOECD[2]に加盟し，OECD資本移動自由化規約に従って自由化を進めていくことが義務づけられました。

　これに伴い，1967年には，認可制の下で自由化業種と非自由化業種を定める枠組みに改められ，その後，順次，自由化業種の範囲が拡大されていきました。

(3) 外為法への統合と届出制への転換

　1980年には，外資法は外為法に統合され，同法の第5章に「対内直接投資

1　認可とは，行政機関が私人間の法律行為を是認して，その法律上の効力を完成させる行政行為をいい，身近な例では，農地の売買に関する農地法上の許可が挙げられます。農地の売買には，私人間での売買契約のほか，農業委員会の許可が必要とされます（農地法3条）。

2　Organization for Economic Co-operation and Development（経済協力開発機構）。OECDは，先進国間の自由な意見交換・情報交換を通じて，①経済成長，②貿易自由化，③途上国支援（これを「OECDの三大目的」といいます）に貢献することを目的とする国際機関（本部：パリ）で，2022年現在，38カ国が加盟しています（うち22カ国はEU加盟国）。

等」が規定される現行の体系になりました。

　外資法の下での認可制は届出制[3]に改められ，すべての業種について事前届出が義務づけられる一方，事前届出があった場合には，法定の要件に該当しない限り，原則として自由に対内直接投資を行えることとされました。

(4)　原則事後報告制（一部事前届出制）への移行

　1991年の外為法の改正により，事前届出の対象が一部の業種に限られることになり，事後報告を原則とする現行の制度（原則事後報告制）に移行しました。

(5)　2019年の外為法の改正

　近時の大きな改正となった2019年の改正では，対内直接投資の一層の促進という観点から，(i)事前届出免除制度（Q21からQ23参照）が導入される一方で，安全保障の強化という観点から，(ii)上場会社等の株式取得の閾値の引下げ[4]（Q12参照），(iii)議決権行使にかかる事前届出の対象行為の追加[5]（Q16参照），(iv)国内外の行政当局との情報連携の強化が行われました。

3 ┃ 規制の枠組み

(1)　概要

　外為法上，外国投資家（Q7からQ9参照）が対内直接投資等（Q10以下）を行う場合，事前届出または事後報告が必要になることがあります。

　事前届出は，①指定業種に関する投資，②相互主義が確保されていない国・地域からの投資，③イラン関係者による特定の核関連業種に関する投資のいずれかに該当する場合に必要となります[6]（法27条，直投令3条2項）。

3　届出制とは，国民がある行動をとる前または後に，行政機関への届出を義務づける仕組みをいいます。行政機関の諾否の応答を求めるものではなく，情報を提出する義務を課すにとどまります。

4　従来は10％であった閾値を1％に引下げ。

5　役員就任や事業譲渡等を議決権行使に係る事前届出の対象行為に追加。

6　事前届出の対象となる対内直接投資等を行った場合には，実行報告（Q19参照）を行う必要があります（法55条の8，直投令6条の5，直投命令7条）。

【図表 5 − 1】対内直接投資等のフローチャート

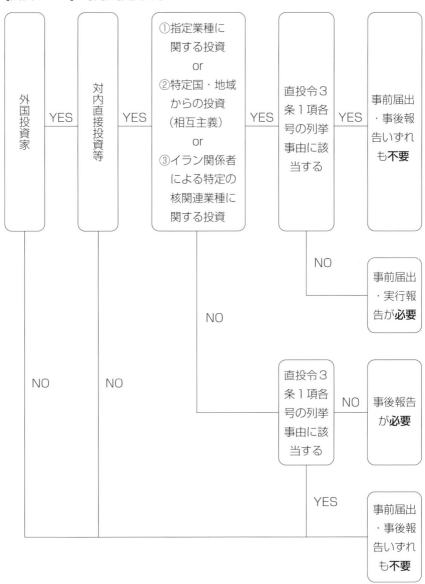

　事後報告は，外国投資家が対内直接投資等を行った場合で，事前届出を行わ
なかった場合（上記①ないし③のいずれにも該当しなかった場合）に必要となり
ます（法55条の5）。

　もっとも，外国投資家による対内直接投資等であっても，相続や合併による
株式の取得あるいは閾値未満の株式の取得など一定の場合には，事前届出およ
び事後報告のいずれも行う必要はありません（法27条1項括弧書，直投令3条1項）。

(2)　事前届出が必要となる場合

ア　指定業種に関する投資

　外国投資家が，指定業種に属する事業を営む会社に対して，対内直接投資等
を行う場合には，事前届出免除制度（Q21からQ23参照）を利用する場合を除き，
事前届出を行う必要があります。

　指定業種（Q17参照）とは，(a)国の安全，(b)公の秩序の維持，(c)公衆の安全
の保護，(d)我が国経済の円滑な運営の観点から，財務大臣および事業所管大臣
が指定した業種を指します[7]（図表5-2）。

【図表5-2】指定業種の概要

「国の安全」：武器，航空機，原子力，宇宙関連，軍事転用可能な汎用品の製造業，感染症に対する医薬品・高度医療機器製造業，サイバーセキュリティ関連
「公の秩序」：電気・ガス，熱供給，通信事業，放送事業，水道，鉄道，旅客運送
「公衆の安全」：生物学的製剤製造業，警備業
「我が国経済の円滑運営」：農林水産，石油，皮革関連，航空運輸，海運

イ　相互主義が確保されていない国・地域からの投資

　日本との間で投資協定などの国際的な取り決めを交わしていないために相互

7　法27条1項，直投令3条2項1号，直投命令3条3項，指定業種告示。

主義が確保されていない国・地域からの対内直接投資等は，事前届出の対象とされています[8]。相互主義とは，日本からの直接投資を制限していない国・地域に関しては，日本も同じように当該国・地域からの直接投資を制限しないという意味です。

　具体的には，直投命令の別表1に列挙された173の国・地域（2022年現在）以外の国・地域の外国投資家による対内直接投資等は，指定業種に関するか否かにかかわらず，事前届出が必要になります。同別表1には，日本との間で投資協定などの国際的な取り決めを交わしている国・地域だけでなく，そのような取り決めを交わしていない国・地域であっても，日本からの直接投資に関しこれまで特段の問題がなかった国・地域が広く含まれています。

ウ　イラン関係者による特定の核関連業種に関する投資

　財務大臣は，有事規制等として，一定の場合に，本来的には自由に行いうるはずの資本取引について，事前許可の取得を義務づけることができます（法21条1項，2項，Q34参照）。このようにして財務大臣の許可が必要とされている資本取引に関する対内直接投資等については，事前届出が必要とされます[9]。

　これは，資本取引が有事規制等の対象となり財務大臣の許可が必要とされている場合に，対内直接投資等の形で，脱法的な行為を実現することを防止するための規制です。具体的には，居住者・非居住者間の行為について，資本取引として財務大臣の事前許可が必要とされている場合に，非居住者たる外国投資家が会社の設立という形で国内に資本を投下し（子会社である日本法人の設立），その後，当該日本法人が当事者となって居住者間取引という形式にすることで，資本取引の規制を迂回するような行為が対象とされます。

　今のところ[10]，財務大臣の事前許可を要する資本取引に関する対内直接投資等として事前届出が必要となるのは，国連安保理決議第2231号に基づく措置と

8　法27条1項，直投令3条2項2号，直投命令3条5項。
9　法27条1項，直投令3条2項3号，直投命令3条6項。
10　2022年現在。

して，イラン関係者（イラン政府，イラン国籍を有する自然人，イランの法令に基づいて設立された法人その他の団体など）が行う特定の核関連業種に関する投資に限られています[11]。

4 日本の外為法上の対内直接投資規制の特徴

日本と同じように，多くの諸外国・地域においても，外資規制が存在しています。日本の外為法上の対内直接投資に関する規制の特徴として，次の5点を挙げることができます。

1つ目は，日本の外為法が，国籍ではなく，居住性の有無を規制の基準としていることです。つまり，日本人や日本法人であっても「外国投資家」として対内直接投資の規制を受けることがある一方で，外国人[12]であっても規制を受けないことがあります（Q7参照）。

2つ目は，自国産業の保護を主眼とする発展途上国の外資規制と異なり，日本の外為法上の規制は安全保障を主眼としています[13]。

3つ目は，日本の外為法は，間接投資，すなわち，日本法人を傘下に持つ外国法人の株式等の取得を規制の対象に含めておらず，間接投資に外為法の規制は及びません（Q11，58参照）。

4つ目は，欧米など他の先進諸国の制度と比較した場合に，事後介入の措置[14]が設けられていません。日本の外為法上は，事前届出の対象外の取引について事前の審査は行われず，不都合が生じた場合であっても，規制当局が事後的に法的措置をとることはできません。この点，たとえば，米国の投資管理制度の下では，事前の申告が義務づけられている取引以外の取引であっても，事

11　イラン告示。
12　外国法人は，株主の国籍にかかわらず，「外国投資家」に該当し，日系の外国法人であっても，「外国投資家」として規制を受けます（法26条1項2号）。
13　日本の規制も自国産業の保護を目的としている側面もあります（法27条3項1号ロ）。
14　2019年改正の際に事後介入の制度が検討されたものの，既存の二国間での投資協定等におけるスタンドスティルの規定（協定締結時より厳しい規制は導入しない）との抵触が懸念されたことから，導入が見送られました（財務省国際局令和元年12月26日付関税・外国審議会外国為替等分科会議事録）。

後的に規制当局が調査を開始して措置を講じることが可能となっています（Q58参照）。

　5つ目は，日本の外為法上の対内直接投資が，不動産，とりわけ土地の取得を規制の対象としていないことです[15]。この点は，2021年6月に重要土地等調査法が成立し，安全保障の観点から，国境離島や防衛施設周辺における土地の所有・利用が規制されることになりました。

15　外為法上，不動産に関しては，資本取引としての規制が及びますが（Q29参照），安全保障を目的とした規制ではありません。

Q6 対内直接投資等の規制に関する外為法の体系

対内直接投資等の規制に関する外為法の体系を教えてください。

A. 解説

【図表6-1】対内直接投資等の規制に関する外為法の体系

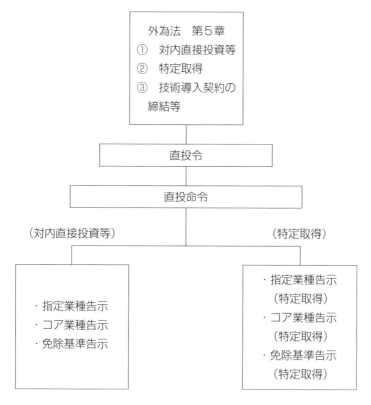

外為法上，対内直接投資等の規制は，第5章（法26条以下）に規定されています。

主要な下位規範として，対内直接投資等に関する政令（直投令）と対内直接投資等に関する命令（直投命令）があります。また，指定業種（Q17），コア業

種（Q22）や免除基準（Q21）を定める告示があります。

　法第5章には，①対内直接投資等（法26条2項，27条）のほか，②特定取得（法26条3項，28条）（Q25）と③技術導入契約の締結等（法30条以下）（Q26）の規定が置かれています。②および③のいずれも，①の対内直接投資等の規制と同様に，国の安全等に対する外国からの好ましくない影響に適切に対応することを目的としており，直投令および直投命令に規制の内容・手続の詳細が定められています。

　対内直接投資等と特定取得とは，下位の規範がパラレルに存在しており，実体的にも手続的にもほぼ同様の規制内容になっています。

　対内直接投資等の規制に関しては，法令等の法規範[1]があるほか，日本銀行のQ&A[2]やパブリックコメントに対する回答[3]などを通じて，実務上の取扱いや規制当局の法令解釈に関する考え方が公表されています。

1　法律や政省令などの法規範は国民や裁判所を拘束しますが，日本銀行のQ&Aやパブリックコメントに対する回答は，行政機関の実務上の取扱いや行政庁の法令解釈を説明するにとどまり，国民や裁判所を拘束するものではありません。
2　日銀QA（対内直接投資・特定取得編）。
3　対内直接投資等に関する政令等の一部を改正する政令案及び対内直接投資等に関する命令の一部を改正する命令案等，対内直接投資等に関する業種を定める告示案等に対する意見募集の結果について（別紙1）意見への考え方。

（1） 外国投資家

> ## Q7 「外国投資家」の定義
>
> どのような自然人や法人・組合等が「外国投資家」に該当しますか。

ポイント

- ✓ 「外国投資家」は，対内直接投資等および特定取得に関するルールの適用対象を画する外為法上の重要な概念です。
- ✓ 「外国投資家」に該当するのは，(1)非居住者である個人，(2)外国法人・外国組合等，および(3)これらの個人または法人・組合等により直接または間接に支配されている法人・組合等の3つの類型に大別されます。

A. 解説

Q10からQ25において解説する対内直接投資等や特定取得に関するルールの適用を受けるのは，外為法上の「外国投資家」です。

「外国投資家」に該当するものの類型は，以下のとおりです（法26条1項）[1]。なお，「居住者」と「非居住者」の区別については，Q4を参照してください。

---

① 非居住者である個人（1号）
② 外国法令に基づいて設立された法人・組合[2]等，または外国に主たる事務所を有する法人・組合等（2号）

---

[1] 厳密には，法26条1項に列挙されたものであって，かつ，対内直接投資等または特定取得を行うものが「外国投資家」に該当しますが，説明の便宜上，対内直接投資等または特定取得を行うか否かにかかわらず，同項に列挙されたものに該当することをもって，「外国投資家」に該当するという表現を行う場合があります。

[2] 外国の組合については，上記④の類型にも該当する場合がありますが，④の類型に該当する組合は，上記②の類型の外国法令に基づいて設立された組合には該当しないものと扱われます（法26条1項2号括弧書，日銀QA（対内直接投資・特定取得編）Q37参照）。

③　上記①②の個人または法人・組合等により直接または間接に議決権の50％以上を保有されている日本の会社[3]（3号）
④　(i)非居住者等による出資金額の割合が50％以上である，または(ii)非居住者等が業務執行組合員の過半数を占める日本または外国の組合（4号）
⑤　非居住者である個人が(i)役員の過半数を占める，または(ii)代表権限を有する役員の過半数を占める日本の法人その他の団体（5号）

「外国投資家」の類型は，一見すると複雑ですが，以下のように大きく3つに分類することができます。

①　非居住者である個人（上記①）
②　外国法人・外国組合等（上記②）
③　非居住者である個人（上記①）または外国法人・外国組合等（上記②）により直接または間接に支配されている法人および組合等（上記③④⑤）

　このうち，上記①および②の類型に関しては，以下の2点に留意する必要があります。
　第1に，上記①について，日本人であっても非居住者に該当し，その結果として「外国投資家」に該当する場合がある一方，外国人であっても居住者に該当し，その結果として「外国投資家」に該当しない場合があります（Q4参照）。
　第2に，日本の会社の完全子会社であり，役員や代表権限を有する役員の過半数が居住者たる日本人で占められる外国法人については，居住者により支配されているということが可能ですが，上記②の外国法令に基づいて設立された法人として，「外国投資家」に該当します。
　また，上記③④⑤に共通する特徴である，非居住者である個人（上記①）または外国法人・外国組合等（上記②）による「支配」については，意思決定の

_____
3　日本の会社とは，株式会社，合同会社，合資会社および合名会社を指します。

支配を指すと理解すると「外国投資家」の全体像を把握しやすくなります。ここでいう「意思決定の支配」とは，議決権（上記③），出資金額または業務執行組合員（上記④）または役員（上記⑤）の観点からの支配をいいますが，その詳細な要件は，別途，Q8およびQ9において解説します。

Q8　日本の法人等が「外国投資家」に該当する場合

日本の会社・その他の法人等が「外国投資家」に該当するのは，どのような場合ですか。

ポイント

✓ 議決権数または役員の人数の観点から，非居住者である個人，または外国法人・外国組合等により支配されている日本の会社・その他の法人等は，「外国投資家」に該当します。

✓ 議決権数の観点からの支配の有無を検討する際には，非居住者である個人，または外国法人・外国組合等が保有するものとして取り扱われる議決権の範囲を正しく理解することが重要です。

✓ なお，日本の組合が「外国投資家」に該当する場合については，Q9において解説します。

A．解説

1　はじめに

Q7で解説したとおり，日本の会社・その他の法人等についても，それが非居住者である個人，または外国法人・外国組合等により意思決定を支配されている場合には，「外国投資家」に該当します。

①日本の会社[1]については，このような支配の有無を判断する基準として，議決権数（法26条1項3号）と役員数（同項5号）の2つの基準が規定されている一方，②日本のその他の法人等（会社以外の日本の法人その他の団体）については，役員数（同号）の基準のみが規定されています。

以下においては，これらの2つの基準の具体的な内容を解説します。

1　日本の会社とは，株式会社，合同会社，合資会社および合名会社を指します。

2　議決権による支配の基準（法26条1項3号）

　この基準は，非居住者である個人，または外国法人・外国組合等が日本の会社の議決権の50％以上を直接または間接に保有しているか否かに関するものです。この基準については，「議決権」と「直接又は間接に保有」の意味を正しく理解する必要があります。

(1)　議決権

　株主総会の決議事項の一部についての議決権が否定されていたとしても，すべての事項についての議決権が否定されていない限り，非居住者である個人，または外国法人・外国組合等が保有する議決権は，本基準の該当性を判断する際に考慮されます。

　もっとも，会社法上，いわゆる相互保有株式には議決権は認められませんが（会社法308条1項，会社法施行規則67条），本基準との関係においては，議決権が認められるものとして取り扱われ（法26条1項3号，会社法879条3項），外国法人・外国組合等が保有する相互保有株式の数も，本基準の該当性を判断する際に考慮されます。

(2)　直接または間接の保有

　直接保有とは，文字どおり，非居住者である個人，または外国法人・外国組合等自らが保有していることを意味します。

　一方，非居住者である個人，または外国法人・外国組合等による間接保有については，少し複雑です。非居住である個人，または外国法人・外国組合等が間接に保有する議決権とは，①これらの者が50％以上の議決権を有する日本の会社，または②①の子会社に当たる日本法人が保有する議決権を指します（直投令2条1項）。なお，ここでの子会社とは，会社法上の子会社（会社法2条3号）をいい，いわゆる孫会社まで含まれる点に留意する必要があります。

　図表8-1は，直接保有分または間接保有分のみにより50％以上の議決権を

【図表 8 - 1】 直接保有・間接保有の範囲

【図表 8 - 2】 直接保有と間接保有の合算

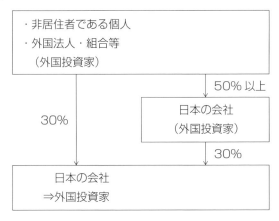

保有している例ですが，図表8-2のように，直接保有分と間接保有分を合算して50％以上の議決権の保有が認められる場合にも，この基準を満たすことになります。

3　役員による支配の基準（法26条1項5号）

　この基準は，非居住者である個人が日本の会社・その他の法人等の①役員，または②代表権限を有する役員の過半数を占めているか否かに関するものです。

　この基準における「役員」とは，業務を執行する社員，取締役，執行役，代表者，管理人またはこれらに準じる者や，それ以上の支配力を有すると認められる者を意味し，その肩書によって判断されるものではありません。

Q9　日本の組合が「外国投資家」に該当する場合

> 日本の組合が「外国投資家」に該当するのは，どのような場合ですか。

ポイント

✓　出資金額または業務執行組合員の人数の観点から，非居住者である個人，または外国法人・外国組合等により意思決定を支配されている日本の組合は，「外国投資家」に該当します。

✓　非居住者である個人，または外国法人・外国組合等自体からの直接的な出資金額だけでなく，これらの者が支配する日本の会社・その他の法人等からの間接的な出資金額も合算して検討する必要があります。この点は，業務執行組合員の人数についても同様です。

A．解説

1　はじめに

　Q7で解説したとおり，日本の組合についても，それが非居住者である個人，または外国法人・外国組合等により意思決定を支配されている場合には，「外国投資家」に該当します。

　このような支配の有無を判断する基準として，日本の会社・その他の法人等に関しては，議決権数と役員の人数という2つの基準が規定されているのに対して（法26条1項3号・5号），日本の組合に関しては，出資金額と業務執行組合員の人数という2つの基準が規定されています（法26条1項4号）。

　以下においては，これらの2つの基準の具体的な内容を解説します。

2　出資金額による支配の基準

　この基準は，非居住者である個人，または外国法人・外国組合等による日本の組合への出資金額が総出資金額の50％以上を占めているか否かに関するもの

です。

　検討対象に含まれる出資金額には，非居住者である個人，または外国法人・外国組合等が直接的に出資している金額だけでなく，これらの者が支配している以下の日本の会社・その他の法人等（下記①）や組合（下記②）を通じて間接的に出資している金額も含まれます。

> ①　「外国投資家」に該当する日本の会社・その他の法人等（Q8参照）
> ②　(i)非居住者である個人，(ii)外国法人・外国組合等，または(iii)「外国投資家」に該当する日本の会社・その他の法人等が業務執行組合員の過半数を占める日本の組合

　その理由は，このような日本の会社・その他の法人等や組合は，意思決定の

【図表 9 − 1】 日本の組合が 「外国投資家」 に該当する場合

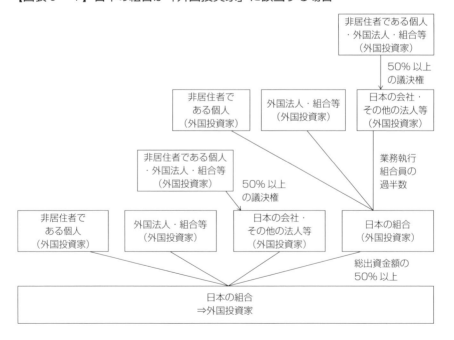

面において，非居住者である個人，または外国法人・外国組合等により支配されているということができ，上記①②に該当する者からの出資は，実質的には，非居住者である個人，または外国法人・外国組合等からの出資と同視できるためです。

　なお，上記②に該当する組合は，下記3に解説する業務執行組合員による支配の基準を満たし，それ自体が「外国投資家」に該当します。

3　業務執行組合員による支配の基準

　この基準は，非居住者である個人，または外国法人・外国組合等が日本の組合の業務執行組合員の過半数を占めている場合に満たされます。この基準においても，出資金額による支配の基準と同様，非居住者である個人，または外国法人・外国組合等自身が占める業務執行組合員の人数だけでなく，これらの者が支配しているということができる日本の会社・その他の法人等が占める業務執行組合員の人数も考慮されます（直投令2条5項）。

（2）　対内直接投資等となる取引

Q 10 「対内直接投資等」の定義

どのような取引・行為が「対内直接投資等」に該当しますか。

ポイント

✓　「対内直接投資等」には，法26条2項1号から8号までの8類型に加えて，直投令2条16項1号から7号までの7類型の合計15類型の行為があります。

✓　外為法自体が定める8類型のうち実務上検討する機会が最も多いのは，①株式等の取得，②事業目的の変更等にかかる議決権行使，③金銭の貸付け，④事業の譲受けです。

【図表10-1】対内直接投資等の行為類型

行為類型	関連法令
外為法自体が定める8類型	
株式・持分の取得 　・非上場会社の株式・持分の取得または譲渡 　・上場会社等の株式・議決権の取得（＊1％以上の取得に限る）	法26条2項1号，2号 法26条2項3号，4号
事業目的の変更等にかかる議決権行使	法26条2項5号
支店の設置等	法26条2項6号
金銭の貸付け	法26条2項7号
事業の譲受け等	法26条2項8号
直投令2条16項の規定する7類型	
その他（7類型） 　・上場会社等の株式への一任運用 　・上場会社等の株式にかかる議決権行使等権限の取得 など	法26条2項9号，直投令2条16項

A. 解説

1 ｜ はじめに

　「対内直接投資等」として規制されるのは，法26条 2 項 1 号から 8 号までの外為法自体が定める 8 類型の行為に加えて，同 9 号の委任を受けて直投令 2 条16項 1 号から 7 号に規定される 7 類型の行為です。

　以下では，①株式等の取得，②事業目的の変更等に係る議決権行使，③支店の設置，④金銭の貸付け，⑤事業の譲受け，⑥その他に大別して解説します。

2 ｜ 株式等の取得

　株式等の取得は，非上場会社の場合と上場会社等の場合に分けることができます。非上場会社の場合は取得割合を問わず規制対象となるのに対して，上場会社等の場合は一定の閾値を超えて取得した場合のみ規制対象となります。既存の株式等を取得する場合だけでなく，会社の新規設立や増資の際に発行される株式等を取得する場合も含まれます。

(1) 非上場会社
ア　非上場会社の株式または持分の取得（1号）

　非上場会社の株式または持分[1]の取得は， 1 株だけの取得であっても，規制対象になります。

　本号は，外国投資家以外のものから取得する場合のみを対象としており，外国投資家から取得する場合は，特定取得として規制されます（Q25参照）。

　なお，新株予約権の取得それ自体は，本号の対象外であり，事前届出や事後報告は必要となりませんが，行使・払込みの段階で本号の規制対象になります[2]。

1　株式会社については「株式」の取得であるのに対して，合名会社，合資会社または合同会社については「持分」の取得になります。
2　日銀QA（対内直接投資・特定取得編）Q42。

イ　非上場会社の株式または持分の譲渡（2号）

　本号は，1号の脱法的行為を防ぐために設けられた類型です。

　居住者である個人が非上場会社の株式または持分を取得する行為は対内直接投資等の規制対象ではありません。また，非居住者が非居住者から非上場会社の株式または持分を取得する行為も対内直接投資等の規制対象ではありません。そのため，たとえば，外国人が，居住者の地位にある間に取得した株式を，本国へ戻り非居住者に該当するようになった後に，非居住者に売却した場合，当該外国人から株式を取得する行為は，対内直接投資等の規制を受けません。

　そこで，このような場面に対応するため，本号は，非居住者である個人が，かつて居住者であったときに取得した非上場会社の株式または持分を譲渡する行為を規制の対象にしています。もっとも，2017年の法改正により特定取得（Q25）の規制が新設されたことに伴い，本号の重要性は低くなりました。

(2)　上場会社等

ア　上場会社等の株式の取得（3号）

　本号は，上場会社等[3]の株式について，発行済株式総数ベースで1％以上[4]を取得する行為を対象にしています。たとえば，すでに0.7％を所有する場合に，追加して0.3％を取得すると，1％の閾値に達するため，追加取得する0.3％の分が「対内直接投資等」に該当し，規制の対象になります。

　1号（非上場会社）の場合と異なり，外国投資家から取得する場合も本号の対象になります。

イ　上場会社等の議決権の取得（4号）

　3号が株式数をベースとしているのに対して，本号は，議決権ベースで1％

3　上場会社「等」としているのは，証券取引所に上場している株式のほか，店頭登録または店頭取扱指定を受けている株式も本号の対象となるためです（法26条2項1号，対内直接投令2条6項）。以下，本書では単に「上場会社」と表記している場合もあります。
4　1％未満の取得は，法20条5号の資本取引として規制されます（Q29参照）。

以上の株式を取得する行為を対象にしています。たとえば，相応の数の優先配当の無議決権株式の発行が行われている場合など，株式数をベースにしたのでは経営への影響力を適切に反映しきれない事案があることから設けられた類型です。その他の点は，3号で解説したのと同様です。

3 　事業目的の変更等に関する同意（5号）

経営に重要な影響を与える事項，具体的には，(a)事業目的の変更，(b)役員の選任，または(c)重要な事業の譲渡等[5]（直投令2条11項，直投命2条2項）に関して同意する行為は，対内直接投資等として規制を受けます。ここでいう同意とは，基本的には株主総会において賛成票を投じることを意味します。

4 　支店の設置（6号）

支店[6]の設置または支店の種類もしくは事業目的の変更を行う場合に，対内直接投資等として規制されます。

銀行業，保険業，ガス事業，電気事業など，支店の設置等に関して各種業法上の規制が行われている場合には，外為法による規制は別途行われません。（法26条2項6号括弧書，直投令2条13項）。

5 　金銭の貸付け（7号）

本号は，国内に主たる事務所を有する法人に対する金銭の貸付けを対象にしています。

貸付けを受ける法人が国内に主たる事務所を有する限り，日本法人であるか外国法人であるかは問いません。

個人に対する貸付けは，たとえ個人事業主であっても，対内直接投資等とし

5　(a)事業の全部譲渡，(b)吸収合併，(c)解散，(d)事業の一部譲渡，(e)子会社株式または持分の全部または一部の譲渡，(f)事業または子会社株式を配当財産とする配当，(g)新設合併，吸収分割または新設分割および(h)事業の廃止を指します。
6　支店，工場その他の事業所を含みます（法23条2項）。

ての規制は受けません。また，銀行等の金融機関による貸付けは本号の対象とはなりません[7]。

　経営に対する影響という観点から，既存の貸付債権を譲り受ける場合も本号の対象として規制を受ける一方で，貸付期間が1年以下のものや金額が少額のものは，本号の対象にはなりません。

　なお，融資枠の設定それ自体は本号の対象とならず，個々の貸付行為に規制が及びます[8]。

6　事業の譲受け等（8号）

　事業の譲受けや合併または吸収分割による事業の承継は対内直接投資等として規制を受けます。

　株式等の取得を通じて経営に対する影響を及ぼす場面だけでなく，事業の譲受けや承継といった事業そのものを取得する場面にも規制を及ぼすために設けられた類型です。

7　その他（9号）

　以上に記載したほか，これらに準じる内容として，国内企業の経営に対する影響を規制するという観点から，直投令2条16項において，(a)社債の取得，(b)特殊法人の発行する出資証券の取得，(c)上場会社等の株式への一任運用，(d)議決権代理行使受任，(e)上場会社等の株式に係る議決権行使等権限の取得，(f)議決権代理行使委任，および(g)共同議決権行使同意取得の7つの類型が規定されています。

7　これらは資本取引（Q29以下参照）として規制を受けます。
8　日銀QA（対内直投投資・特定取得編）Q54。

Q 11 外資系企業の株式等の取得

a．外国法人の100％子会社である日本法人の株式等を取得する行為であっ
ても，対内直接投資等として規制を受けますか。

b．日本法人を子会社に持つ外国法人の株式等を取得する行為は，対内直
接投資等として規制を受けますか。

ポイント

✓ 法26条2項の対内直接投資等として規制される投資行為の投資対象とな
る「会社」とは，株式会社，合名会社，合資会社または合同会社である
日本法人を指し，外国法人は含まれません。

✓ 一方，会社法その他の法律で規定する株式会社，合名会社，合資会社ま
たは合同会社である限り，その株主の属性は問われません。したがって，
外国法人の子会社などのいわゆる外資系企業（日本法人）も，株式会社，
合名会社，合資会社または合同会社のいずれかであれば，「会社」に該
当し，その株式等を取得等する行為は，対内直接投資等に該当します。
もっとも，外国投資家から非上場会社の株式等を取得する行為は，対内
直接投資等から除外され，特定取得として規制される場合があるにとど
まります。

✓ これに対して，外国法人は，日本法人を子会社に持つ場合であっても，
「会社」に該当しないため，当該外国法人の株式等を取得等する行為は，
対内直接投資等の規制を受けません。

【図表11-1】外資系企業の株式等の取得

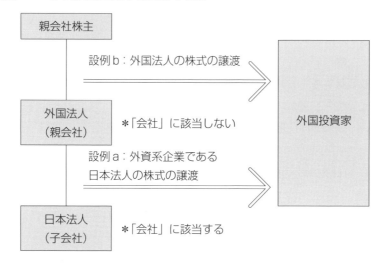

A. 解説

1　外国法人の100%子会社である日本法人の株式等の取得

　法26条2項1号ないし4号は,「会社」の株式等を取得等する行為を対内直接投資等として規制の対象にしています。ここで,外為法上の「会社」とは,会社法その他の法律で規定する株式会社,合名会社,合資会社および合同会社を総称したものであり,外国法人の子会社などのいわゆる外資系企業であっても,日本法に準拠して設立された株式会社,合名会社,合資会社または合同会社であれば,外為法上の「会社」に当たります。

　したがって,当該外資系企業が非上場会社であれば,法26条2項1号または2号の適用が問題となりますし,上場会社等であれば,同3号または4号の適用が問題となります。

　本設問では,外国法人が唯一の株主であり,対象とされる日本法人が上場会社等であることは想定しがたいため,非上場会社の株式または持分の取得としての対内直接投資等の規制が問題となります。

　非上場会社の株式または持分に関しては，(a)取得（1号）と(b)譲渡（2号）の2つの類型が規制対象とされています（Q10）。このうち，2号の(b)譲渡は，非居住者である個人の譲渡行為を対象にしているため，外国法人の譲渡行為が問題となる本設問とは関係しません。

　また，株式等の譲渡を受ける外国投資家としては，1号の(a)取得が問題となりそうですが，譲渡人である外国法人は外国投資家に該当し（法26条1項2号），外国投資家からの取得行為は1号の規制対象から除外されているため（法26条2項1号括弧書），この観点からもやはり対内直接投資等の規制は問題となりません。

　以上により，結論としては，本設問の行為について，対内直接投資等の規制は及びません。

　もっとも，外国投資家からの株式等の取得は，特定取得としての規制が及びますので，別途の検討が必要になります（Q25）。

　また，外資系企業であっても，本設問のように外国法人が100％の株式を保有しているのではなく，少数株主として居住者や日本法人が存在する場合には，当該居住者や日本法人が保有する株式を取得する行為は対内直接投資等として規制を受けます。

2　日本法人を子会社に持つ外国法人の株式等の取得

　外国法人は，たとえ重要な日本法人を子会社に持つ場合であっても，外為法上の「会社」に該当しないため，当該外国法人の株式等の取得に対して，対内直接投資等の規制は及びません。

Q 12 上場会社の株式等の取得

a．株式や議決権の所有・保有割合が1％以上となるかどうかは，自己の株式や議決権のみを対象として判断してよいですか。

b．かつて議決権割合が1％以上となったために事前届出を行いました。今回，追加で株式を取得して議決権割合を引き上げることを考えていますが，改めて事前届出を行う必要がありますか。

ポイント

✓ 事前届出の対象となる1％の閾値の判断は，自己の株式または議決権の数だけではなく，その「密接関係者」の株式または議決権の数を合算して行います。

✓ 株式または議決権の割合により，国の安全等に対する影響の度合いが異なるため，閾値の1％以上となる取得を行う場合には，取得の都度，事前届出を行う必要があります。なお，事前届出を行った場合，届出日から6カ月の間であれば，当該事前届出において届け出た範囲内で，改めて事前届出を行うことなく株式または議決権を取得することができます。

1 はじめに

上場会社の株式を取得する行為は，①株式数ベース（法26条2項3号）または②議決権ベース（同4号）のいずれかにおいて閾値の1％以上となる場合に，対内直接投資等として規制を受けます。

なお，「取得」の方法は問われませんので，単純な売買による株式の取得だけでなく，事業譲渡に伴う株式の取得も対象になります。また，新株予約権の取得それ自体は対象外であり，事前届出や事後報告は必要となりませんが，行使・払込みの段階で規制を受けます。

2 ｜ 株式数ベースでの取得

(1) 合算の対象

　株式数ベースで閾値の1％以上となるかどうかの判断に際しては，以下の(a)から(c)までが合算の対象となります。

(a)　自己の所有する株式の数
(b)　密接関係者[1]の所有する株式の数
(c)　自己またはその密接関係者が「投資一任契約その他の契約に基づき他のものから委任を受けて株式の運用をする場合」におけるその対象となる株式の数

【図表12－1】合算の対象

| 自己の所有
株式 | + | 密接関係者の所有
株式 | + | 自己又は密接関係者が
一任運用[2]の委任を受け
ている株式 | ≧　1％ |

　(c)における「投資一任契約その他の契約に基づき他のものから委任を受けて株式の運用をする場合」とは，①上場会社の株式に投資をするために必要な権限（投資判断権限）と②議決権等行使等権限[3]の両方の委任を受け，かつ，当該委任により，委任者が株主としての議決権等の行使をできない場合をいいます（直投令2条7項）。株式を所有していなくても，このような場合には，経営に対する影響力を持つことから，合算の対象になります。

1　「密接関係者」の範囲はQ13を参照。
2　「一任運用」とは，運用を一任するのではなく，一任を受けて運用することを指しています。
3　「議決権等行使等権限」とは，議決権その他の共益権の行使権限または指図権限をいいます（直投令2条4項1号）。

【図表12-2】 一任運用の委任を受けている場合

(2)　実質株式

　　株式数ベースで閾値の1%以上となる場合であっても、「実質株式」ベースで1%未満の場合には、事前届出及び事後報告は不要です（法27条1項、55条の5、直投令3条1項9号）。

　　「実質株式」とは、議決権等行使等権限が委任されていない株式をいい、たとえば、議決権行使の権限が第三者に委任されている場合は、「実質株式」には含まれません。株式の所有者であっても、議決権行使を通じた経営への影響力を持たないのであれば、規制の必要がないためです。

　　なお、上記2(1)は、対内直接投資等（法26条2項3号）に該当するか否かに関する議論であるのに対して、本2(2)は、対内直接投資等に該当することを前提に、事前届出・事後報告を免除する例外規定（法27条1項括弧書、直投令3条1項各号）が適用されるか否かに関する議論です（Q5のフローチャート参照）。

3 ｜ 議決権ベースでの取得

(1)　合算の対象

　　議決権ベースで閾値の1%以上となるかどうかの判断に際しては、以下の(a)および(b)が合算の対象となります。

(a)　自己の保有等議決権の数
(b)　密接関係者の保有等議決権の数

【図表12-3】合算の対象

自己の保有等議決権	+	密接関係者の保有等議決権	≧　1%

「保有等議決権」には，次の(a)から(d)までの議決権が含まれます（直投令2条9項）。自己名義で所有する株式に係る議決権だけでなく，(a)から(d)までの議決権を通じて，経営に対する影響が及ぶことから，閾値を判断する際の議決権の数に含まれます。

> (a)　自己または他人の名義をもって保有する議決権
> (b)　一任運用の対象とされる株式に係る議決権[4]
> (c)　議決権代理行使受任に係る議決権
> (d)　他のものが所有する株式に係る議決権行使等権限[5]に係る議決権

(2)　実質保有等議決権

　株式数ベースの場合の「実質株式」の議論と同様に，議決権ベースの場合にも，「実質保有等議決権」ベースで1%未満であれば，事前届出および事後報告は不要です（直投令3条1項10号）。

　「実質保有等議決権」とは，議決権行使等権限が委任されていない株式をいいます。議決権を保有していても，それが第三者に委任されており，議決権行使を通じて経営への影響が及ばないのであれば，規制の必要はないためです。

　なお，株式数ベースの場合の「実質株式」の議論と同様に，上記3(1)は，対内直接投資等（法26条2項4号）に該当するか否かに関する議論であるのに対して，本3(2)は，対内直接投資等に該当することを前提に，事前届出・事後報

4　投資判断権限と議決権等行使等権限の両方の委任を受け，かつ，当該委任により，委任者が株主としての議決権等の行使をできない場合の株式に係る議決権のことです。
5　「議決権行使等権限」とは，議決権の行使権限または指図権限をいい（直投令2条4項2号)），議決権以外の共益権を含まない点で，「議決権等行使等権限」と異なります。

告を免除する例外規定（法27条1項括弧書，直投令3条1項各号）が適用されるか否かに関する議論です。

4 ￨ 追加で株式または議決権を取得する場合

　株式所有割合または議決権保有割合が高まるにつれて，会社に対する影響力も高まり，国の安全等に対する影響も異なってきますので，閾値の1％以上となる上場会社の株式または議決権の取得については，その都度，事前届出を行う必要があります。したがって，たとえば，2％の株式を保有している外国投資家が追加で0.1％の取得を行う場合にも事前届出が必要となります。

　なお，事前届出の日から6カ月の間は，当該事前届出において届け出た範囲内で株式または議決権を取得することができますので[6]，たとえば，10％まで取得するとして4月1日に事前届出を行った場合には，9月30日までの間であれば，禁止期間（Q18参照）の経過後に，10％を上限として，改めて事前届出を行うことなく，複数回に分けて取得することが可能です。

6　日銀QA（対内直接投資・特定取得編）Q26。

Q 13 「密接関係者」の範囲

　上場会社の株式等の取得（法26条2項3号，4号）や事業目的の変更等に係る議決権行使（同5号）に関する閾値の判断の際に合算の対象となる「密接関係者」について，教えてください。

ポイント
✓ 「密接関係者」に当たるかどうかは，本人との間に一定の資本関係または親族関係が存在するなど，本人との一体的な議決権行使（影響力の行使）が見込まれるかどうかが重要なメルクマールです。

A. 解説

　上場会社の株式等の取得（法26条2項3号，4号）や事業目的の変更等にかかる議決権行使（同5号）については，株式所有割合や議決権保有割合に関する閾値が設定されています（Q12，Q16参照）。この閾値を満たすか否かの判断は，本人の所有・保有する分だけでなく，本人の「密接関係者」の所有・保有する株式等の数を合算して行います。

　法26条4項は，「密接関係者」とは，「第1項各号に掲げるものであって・・・株式の所有関係等に基づく永続的な経済関係，親族関係その他これらに準ずる特別の関係にあるものとして政令で定めるものをいう」と定義しています。これを受けて，直投令2条19項は，1号から18号までの18類型の「密接関係者」を定めています。「密接関係者」に含まれるためには，「第1項各号に掲げるもの」（＝外国投資家）であることが前提になります。そのため，たとえば，感覚的に親会社は当然に「密接関係者」に含まれるものとして取り扱ってしまいそうですが，当該親会社が「外国投資家」の要件を満たさない場合には，たとえ株式の100％を保有されている関係にあっても，「密接関係者」に含まれず，また，そのような親会社の別の子会社（兄弟会社など）も「密接関係者」に含まれないため，留意が必要です。

【図表13－1】「密接関係者」の範囲：直投令２条19項各号

1号	子会社	8号	兄弟会社	14号	本人が外国の政府機関等である場合の当該外国の他の政府機関等
2号	孫会社	9号	甥会社	15号	議決権の共同行使に合意しているもの
3号 4号	親会社	10号	本人の役員[1]または１号から９号までの役員	16号	15号に該当するものを本人とした場合に，１号から14号までに該当することとなるもの
5号	祖父会社	11号	10号に該当する者が役員の過半数を占める会社	17号	本人が法26条１項４号の特定組合等の組合員である場合の当該特定組合等の業務執行組合員
6号	叔父会社	12号	配偶者	18号	17号に該当するものを本人とした場合に，１号から15号までに該当することとなるもの
7号	従兄弟会社	13号	直系血族		

【図表13－2】直投令２条19項１号から９号までの「密接関係者」の相関図

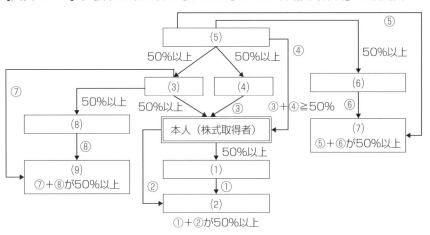

（出所）日本銀行　外為法Ｑ＆Ａ（対内直接投資・特定取得編）Ｑ６

1 　「役員」とは，業務を執行する社員，取締役，執行役，代表者，管理人またはこれらに準じる者や，それ以上の支配力を有すると認められるものを意味し，その肩書によって判断されるものではありません（直投令２条３項３号，法26条１項５号）。なお，監査役は「役員」に含まれません。

Q 14 非上場会社の株式等の取得

　非上場会社の株式等の取得（法26条2項1号）については，株式等の所有割合や議決権の保有割合は関係しますか。

ポイント

✓　非上場会社の株式等の取得は，1株の取得であっても，対内直接投資等として規制の対象となります。

✓　ただし，10％未満の取得であって，事前届出の対象とならない場合，事後報告は不要です。

A．解説

　非上場会社の株式または持分の取得（法26条2項1号）は，上場会社の株式または議決権の取得（Q12）の場合と異なり，閾値は設定されておらず，1株の取得であっても，対内直接投資等に該当します。

　もっとも，本人と密接関係者の所有する株式または持分の数を合算して，①株式所有割合，出資金額割合または議決権割合のいずれもが10％未満の場合であって，かつ，②事前届出の対象となる株式または持分の取得でない場合[1]には，事前届出および事後報告の手続は不要です（直投令3条1項4号）。逆に言うと，事前届出が必要ない場合であっても，株式所有割合，出資金額割合または議決権割合のいずれかが10％以上となる場合には，事後報告が必要となります。

　なお，対内直接投資等（法26条2項1号）に該当するか否かに関する議論（第一段落）と，対内直接投資等に該当することを前提に，事前届出・事後報告を免除する例外規定（法27条1項括弧書，直投令3条1項各号）が適用されるか否

1　（ i ）指定業種に関する投資，（ ii ）相互主義が確保されていない国・地域からの投資，または（iii）イラン関係者による特定の核関連業種に関する投資の3つのうちいずれにも該当しない場合です。

かに関する議論（第二段落）は別の問題ですが，規制が複雑で混乱して議論されがちですので，対内直接投資等の規制を検討する際には，常に何を対象として議論しているのかをしっかりと意識して検討を進めることが必要です（Q5のフローチャート参照）。

　非上場会社の株式や持分の「取得」の方法は問われませんので，単純な売買による取得だけでなく，事業譲渡に伴う取得も対象になる点は，上場株式等の取得の場合と同様です。また，新株予約権の取得それ自体は対象外であり，行使・払込みの段階で規制対象となる点も，上場株式等の取得の場合と同様です。

Q 15　日本法人に対する貸付け（融資枠の設定）

> 日本法人である当社が外国法人である親会社から融資枠の設定を受けることは，対内直接投資等として規制されますか。

ポイント

✓　融資枠の設定それ自体は，対内直接投資等または資本取引の規制を受けず，個々の貸付けの実行段階で規制を受けます。

✓　短期または少額の貸付けは，対内直接投資等の規制対象とならず，資本取引として規制されます。

A．解説

法26条2項7号は，「本邦に主たる事務所を有する法人に対する・・・金銭の貸付け」を対内直接投資等の1類型として規定しています。同号の貸付けに該当するかどうかに際しては，以下の観点からの検討が必要です。

---

①　貸付期間・金額

短期または少額の貸付けは，経営に対する影響が限定的であることから，対内直接投資等としての規制の対象にはなりません[1]。

具体的には，(i)貸付期間が1年を超えることに加えて（法26条2項7号），(ii) (a)貸付残高が1億円を超え，かつ，(b)当該外国投資家の貸付残高が貸付先の負債総額の2分の1相当額を超えること（直投令2条14項，直投命令2条3項，4項）という2つの要件を満たす場合に，対内直接投資等の規制の対象となります。

(ii)(b)の要件は，おおまかにいえば，当該外国投資家の貸付先に対する貸付残高が，貸付先の負債総額の過半となる場合がこれに当たります。たとえば，既存の負債総額が5億円の貸付先に対して，すでに1億円の貸付を行っている外国投資家が追加で1億円の貸付を行う場合（貸付後の貸付先の負債総額は6億

1　資本取引（法20条）として規制を受けます（Q29）。

円で，当該外国投資家の貸付残高は2億円）には，規制対象となりませんが，追加で4億円の貸付を行う場合（貸付後の貸付先の負債総額は9億円で，当該外国投資家の貸付残高は5億円）には，対内直接投資等の規制対象となります。

② **貸付先**

　規制の対象となるのは，貸付先が法人である場合に限られ，たとえ個人事業主として事業を営んでいたとしても，個人が貸付先である場合には，規制は及びません。

③ **貸付人**

　貸付人が外国金融機関である場合，対内直接投資等としての規制は受けません（法26条1項7号括弧書）。経営への影響を目的とした投資ではなく，金融取引として整理されているためです[2]。
　また，外国法人を親会社とする日本法人などのいわゆる外資系企業[3]が貸付人となる円建ての貸付けは，対外取引でないという整理の下，対内直接投資等としての規制は受けません（同括弧書）。

④ **その他**

　新規に貸し付ける場合だけでなく，既存の貸付債権を譲り受ける場合も，規制の対象となることに留意が必要です[4]。債権者の変更に伴う経営への影響を審査する必要があるためです。

　なお，融資枠を設定し，その枠内で自由に借入れ・返済が行われる場合には，個々の貸付けの貸付期間や貸付金額に応じて，対内直接投資等であるか資本取引であるかの判断が異なってくるため，融資枠の設定それ自体ではなく，個々の貸付けが実行される時点で，貸付期間や貸付金額に応じた所定の手続を履践する必要があります[5]。

2　資本取引（法20条）の規制を受けます（Q29）。
3　法26条1項3号から5号までの外国投資家がこれに当たります。
4　日銀QA（対内直接投資・特定取得編）Q53
5　日銀Q&A対内直接投資・特定取得編）Q54

Q 16　事業目的の変更，役員の選任，事業譲渡等に関する同意（議決権行使に係る事前届出）

a．議決権行使に際して事前届出が必要となる場合について，教えてください。

b．株式取得の際に事前届出を行って審査を通過している場合でも，その後の議決権行使に関して，改めて事前届出を行う必要がありますか。

　また，かつて事前届出を行って賛成票を投じた役員の再任議案に賛成する場合でも，改めて事前届出を行う必要がありますか。

ポイント

✓　議決権行使に係る事前届出は，(a)事業目的の変更，(b)役員の選任，または(c)事業譲渡等の議案について，株主総会において賛成の議決権を行使する場合に必要となります。

✓　指定業種に関係しない場合，事前届出または事後報告の手続は不要です[1]。

✓　議決権行使に係る事前届出の規制は，当該議決権行使の時点における状況を踏まえて，経営に対する影響を審査する規制であることから，過去に株式取得時の事前届出や同種の議決権行使に係る事前届出を行って審査を通過している場合であっても，その都度，別途の事前届出が必要となります。

1　ただし，役員選任に関しては，投資先が指定業種を営んでいない場合であっても，①相互主義が確保されていない国・地域からの投資である場合，または②イラン関係者による特定の核関連業種に関する投資である場合には，手続が必要です（直投令3条2項5号，8号，10号）。

A. 解説

1 　はじめに

　経営に重要な影響を与える事項，具体的には，(a)事業目的の変更のほか，(b)取締役または監査役の選任，(c)事業の譲渡等（直投令2条11項，直投命令2条2項）に関して，株主総会において賛成[2]の議決権を行使する行為（持分会社にあっては社員総会で同意する行為）は対内直接投資等として規制されます（法26条2項5号）。

　株式または持分の取得の際に事前届出の審査を通過した場合であっても，その後の状況の変化があるため，事業目的の変更や役員の選任などの経営に重要な影響を与える事項については，それらの行為が行われる時点において，その都度，審査の対象とすることが適切です。そのため，株式等の取得の際の届出とは別に，その後に行われるこれらの行為の際に，その都度，事前届出を行うことが必要です。

2 　事業目的の変更

　事業目的の変更とは，定款を変更する場合を意味し[3][4]，株式会社では株主総会の特別決議が必要であり（会社法466条，309条2項11号），また，持分会社[5]では，定款に別段の定めのある場合を除き，総社員の同意（同法637条）が必要です。

　上場会社については，本人と密接関係者の分を合算した議決権の割合が3分の1以上の場合に，対内直接投資等に該当し，事前届出が必要となります（直

2　白票や棄権など積極的に賛成しない場合であっても，議案の成否を左右することが明らかな状況下で，議案の成立を目的として，あえて白票を投じたり棄権をするなど賛成と同視できる場合には，規制の対象になります（パブコメ回答No.43）。

3　パブコメ回答No.41。

4　会社の定款に記載されている事業（指定業種）を実際に営んでいなかったものの，後になって実際に営むこととなった場合には，事業目的の変更があったものとして，事前届出が必要となります（日銀QA（対内直接投資・特定取得）Q61）。

5　合同会社，合資会社および合名会社。

投令2条12項1号）。

　これに対して，非上場会社については，株式や持分の所有割合を問わずに対内直接投資等に該当することになりますが，本人と密接関係者の分を合算して，株式所有割合，出資金額割合または議決権割合のいずれもが3分の1未満の場合には，事前届出および事後報告が不要です（直投令3条1項12号，直投命令3条2項6号）。逆に言えば，本人と密接関係者の分を合算して，株式所有割合，出資金額割合または議決権割合のいずれかが3分の1以上の場合に，事前届出

【図表16－1】上場会社の場合

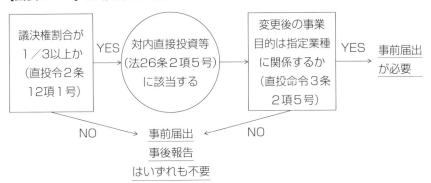

【図表16－2】非上場会社の場合

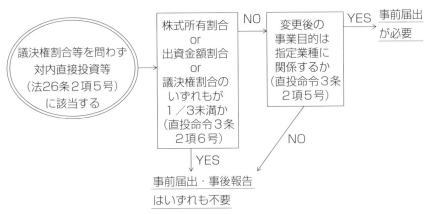

が必要となります。

　なお，上場会社および非上場会社のいずれも，事業目的の変更については，変更後の事業目的が指定業種に該当しない場合，事前届出および事後報告の手続は必要ありません（直投命令3条2項5号）。

3 ┃ 役員の選任

　本人またはその「関係者」を取締役または監査役の候補者とする議案[6]について，賛成の議決権を行使する行為は，対内直接投資等として規制されます。その都度，その時点における経営への影響を審査する必要があることから，かつて事前届出を行って賛成票を投じた役員の再任議案の場合も規制の対象となります。

　「関係者」の範囲は，直投命令2条1項に規定されています。「密接関係者」（Q13）よりも広く，本人が提案する場合と第三者が提案する場合とで，その範囲が異なっています。

　事業目的の変更の場合と同じく，上場会社については，閾値が設けられており，本人と密接関係者の分を合算した議決権の割合が1％以上の場合に，法26条2項5号所定の対内直接投資等に該当し，事前届出が必要になります（直投令2条12項2号）。非上場会社については，閾値はありません。

　なお，上場会社であるか非上場会社であるかを問わず，事前届出の審査を通過して50％以上の議決権を取得した子会社等の役員選任議案に関する場合には，事前届出および事後報告の手続が不要とされています（直投命令3条2項7号）。また，上場会社であるか非上場会社であるかを問わず，役員選任議案に対する議決権行使が事前届出の対象とならない場合，事後報告は必要となりません（同8号）。

6　持分会社の業務執行社員や職務執行者の選任は規制の対象ではありません。

【図表16－3】「関係者」の範囲

取締役及び監査役の選任における関係者の範囲	①自己が提案（他者を通じた提案を含む）			②他者（発行会社含む）が提案（注1）		
	役員	使用人	投資に関する意思決定を行う会議体の構成員	役員	使用人	投資に関する意思決定を行う会議体の構成員
外国投資家（法人）	○	○	○	○	×	○
〃 の子・孫・親・祖父会社（注2）	○	○	○	○	×	○
〃 の叔父・従兄弟・兄弟・甥会社（注2）	○	○	○	○	×	×
主要な取引先（注3）	○	○	○	×	×	×
外国投資家から多額の金銭その他の財産を得ている者（注3）		○			×	
過去1年間以内に上記のいずれかに該当していた者（注3）		○			×	
外国投資家（自然人）の配偶者（注2）		○			○	
〃の直系血族（注2）		○			○	
議決権を行使することを合意している者又はその密接関係者（注2）		○			○	

（注1）修正動議による提案の場合は，届出対象外。
（注2）上場会社株式の取得等の際に合算対象となる密接関係者のルールを援用。
（注3）東証のガイドラインにおける，独立役員（一般株主と利益相反が生じるおそれのない社外取締役又は社外監査役）になることができない者の定義を援用。
（注4）国有企業等が自己提案をする場合は，その国の政府，地方公共団体，政府関係機関又は中央銀行の職員若しくは政党員も密接関係者。
（出所）財務省「外国為替及び外国貿易法の関連政省令・告示改正について」（令和2年4月24日）

4 ┃ 事業の譲渡等

　事業の譲渡等に関する議決権行使の規制としては，(a)事業の全部譲渡（直投令2条11項2号）のほか，(b)吸収合併（同3号），(c)解散（同4号），(d)事業の一部譲渡（直投命令2条2項1号），(e)子会社株式または持分の全部または一部の譲渡（同2号），(f)事業または子会社株式を配当財産とする配当（同3号），(g)新設合併（同4号），吸収分割または新設分割（同5号，6号）および(h)事業の廃止（同7号）に関する議案が対象となります。

　役員選任の場合と異なり，本人の提案に係る議案のみ規制の対象となり，第三者の提案の場合は規制の対象とはなりません（直投命令3条2項9号）。

　閾値については，役員選任の場合と同じく，上場会社については，本人と密接関係者の分を合算した議決権の割合が1％以上の場合に，事前届出が必要となります（直投令2条12項2号）。非上場会社については，閾値による制限はありません。

　なお，事業目的の変更の場合と同様に，上場会社であるか非上場会社であるかを問わず，指定業種に関係しない議案に関しては，事前届出および事後報告の手続を行う必要はありません（直投命令3条2項10号）。

（3）　事前届出・事後報告
ア　事前届出

Q 17　「指定業種」

「指定業種」とは，どのようなものですか。

ポイント
- ✓　「指定業種」に関する対内直接投資等は，事前届出の対象になります。
- ✓　「指定業種」の範囲は，安全保障等の観点を踏まえ，指定業種告示に定められています。
- ✓　投資先の会社だけでなく，その子会社が「指定業種」に属する事業を営んでいる場合も規制の対象となります。
- ✓　2019年に指定業種告示が改正され，広くサイバーセキュリティ関連業種が追加されたことに伴い，事前届出の件数が増加しました。

A.　解説
1　はじめに

　「指定業種」に関する対内直接投資等は，事前届出の対象となります（Q5参照）。

　「指定業種」とは，(a)国の安全，(b)公の秩序の維持，(c)公衆の安全の保護という安全保障の観点に加え，(d)我が国経済の円滑な運営という産業保護的な観点を踏まえ，指定業種告示において指定されている業種を指します（法27条1項，直投令3条2項1号，直投命令3条3項）。

　安全保障の観点から，サイバーセキュリティの重要性が高まってきたことを受け，2019年に，指定業種告示が改正され，サイバーセキュリティ関連の業種が追加されました。

【図表17-1】 指定業種の概要[1]（再掲図表5-2）

「国の安全」：武器，航空機，原子力，宇宙関連，軍事転用可能な汎用品の製造業，
　　　　　　感染症に対する医薬品・高度医療機器製造業，サイバーセキュリ
　　　　　　ティ関連
「公の秩序」：電気・ガス，熱供給，通信事業，放送事業，水道，鉄道，旅客運送
「公衆の安全」：生物学的製剤製造業，警備業
「我が国経済の円滑運営」：農林水産，石油，皮革関連，航空運輸，海運

2 　「指定業種」に関する投資

　「指定業種」に関する投資であるかどうかは，定款の事業目的として「指定
業種」が掲げられているか否かではなく，実際に「指定業種」を営んでいるか
否かで判断します。したがって，定款に事業目的として掲げられていなくても，
実際に「指定業種」に属する事業を営んでいるのであれば，事前届出の対象と
なりますし，反対に，定款に事業目的として掲げられていても，現に事業を
行っておらず，かつ，6カ月以内に実際に営む予定もなければ，事前届出を行
う必要はありません[2]。

　また，「指定業種」に属する事業を営んでいるというのは，投資先の会社が
営んでいる場合だけでなく，その子会社[3]が営んでいる場合のほか，投資先が
50％の議決権を保有している他の会社（完全対等合弁会社）が営んでいる場合
も含まれます（直投令3条2項1号柱書，直投命3条4項）。

　投資先の会社が指定業種を営んでいるか否かを外部から知ることは容易でな
いことから，財務省は，上場会社について，①指定業種に属する事業を営んで
いない会社，②コア業種[4]以外の指定業種に属する事業を営んでいる会社，③

1　下線を付した業種は指定業種告示の別表1に，そうでない業種は別表2に掲載されて
　います。
2　日銀QA（対内直接投資・特定取得編）Q61。
3　会社法2条3号所定の「子会社」を指しますが，外国法人は除かれます（直投令2条
　1項）。
4　Q22参照。

コア業種に属する事業を営んでいる会社の３つに区分した「本邦上場会社の外為法における対内直接投資等事前届出該当性リスト」（銘柄リスト）を公表しています。

3　サイバーセキュリティ関連業種

　事前届出の件数は年々増加傾向にあり，2021年度の件数は2,859件です。業種別では，サイバーセキュリティ関連業種が過半を占めており，2019年の告示改正の影響が大きいことがわかります。

【図表17－2】事前届出件数の推移

＊取得時事前届出：株式・持分の取得に際して行う事前届出
＊その他：事業目的の変更，金銭貸付け，社債取得，株式譲渡，支店の設置，事業の承継，共同議決権行使等に係る届出
＊行為時事前届出：役員就任および指定業種に属する事業の譲渡・廃止等に際して行う事前届出
（出所）財務省国際局調査課投資企画審査室「対内直接投資等に関する事前届出件数等について（令和3年度／2021年度版）」をもとに筆者作成

【図表17− 3 】業種別の事前届出割合

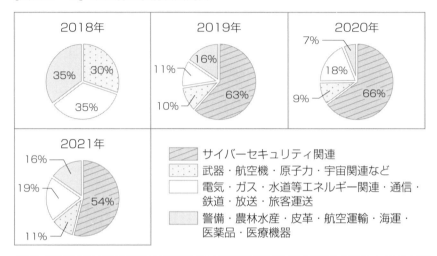

(出所) 財務省国際局調査課投資企画審査室「対内直接投資等に関する事前届出件数等について（令和
3 年度／2021年度版)」をもとに筆者作成

　指定業種の分類は，日本標準産業分類の分類表に従っており，サイバーセキュリティ関連業種には，以下の産業分類が含まれます。

【図表17－4】サイバーセキュリティ関連業種

情報処理関連の機器・部品製造業種	情報通信サービス関連業種	情報処理関連のソフトウェア製造業種
集積回路製造業（2814），半導体メモリメディア製造業（2831），光ディスク・磁気ディスク・磁気テープ製造業（2832），電子回路実装基板製造業（2842），有線通信機械器具製造業（3011），携帯電話機・PHS電話機製造業（3012），無線通信機械器具製造業（3013），電子計算機製造業（3031），パーソナルコンピュータ製造業（3032），外部記憶装置製造業（3033）	地域電気通信業（3711），長距離電気通信業（3712），有線放送電話業（3713），その他の固定電気通信業（3719），移動電気通信業（3721），情報処理サービス業（3921），インターネット利用サポート業（4013）	受託開発ソフトウェア業（3911），組込みソフトウェア業（3912），パッケージソフトウェア業（3913）

Q 18 　事前届出の手続

事前届出の手続について，教えてください。

ポイント

✓　事前届出は，対内直接投資等を行おうとする日の前６カ月以内に，日本
銀行を経由して行います。

✓　非居住者である個人や外国法人など国内に拠点がない場合は，居住者で
ある代理人を通じて事前届出を行います。

✓　事前届出の審査を通過した場合は，事前届出の受理年月日から６カ月の
期間中，届出内容の範囲内で，対内直接投資等を実行することができま
す。

A．解説

1 ｜ 事前届出と禁止期間

　①指定業種に関する投資，②相互主義が確保されていない国・地域からの投
資，③イラン関係者が行う特定の核関連業種に関する投資に関しては，事前届
出を行う必要があります（Q５参照）。

　外国投資家は，事前届出が受理された日から30日を経過する日までは，当該
事前届出にかかる対内直接投資等を行うことはできません（法27条２項）。この
期間は，禁止期間と呼ばれます。国の安全等に影響がなく，審査の必要がない
場合には，禁止期間は短縮されます（法27条２項）。反対に，国の安全等への影
響について審査の必要がある場合には，届出の受理日から４カ月の期間内に限
り，禁止期間は延長されることがあります（法27条３項）。

2 ｜ 事前届出の手続

　事前届出は，対内直接投資等を行おうとする日の前６カ月以内に，日本銀行

を経由して，財務大臣および事業所管大臣に宛てて行います。

　事前届出の様式は，対内直接投資等の行為類型に応じて，様式１から７の４まで13種類あり，日本銀行のウェブサイトから入手できます。提出部数は３通で，うち１通は受理印が押されて，届出受理証として届出者に交付されます[1]（法27条１項，直投令３条３項，直投命令３条７項，８項[2]）。

　非居住者である個人や外国法人など国内に拠点のない外国投資家は，居住者である代理人を通じて，事前届出を行う必要があります（直投令３条４項）。審査期間の延長（法27条３項，６項）や変更中止の勧告・命令（同５項，10項）の通知に際して，海外へ送達しなければならないとすると不便であるためです（直投令３条７項，12項参照）。

　事前届出の審査を通過し，対内直接投資等を行うことが可能となった場合，「公示日」，「取引又は行為を行うことができる日」および「受理番号」が，日本銀行のウェブサイトに掲載されます（直投命令８条参照）。

　事前届出の審査を通過した場合には対内直接投資等は，「取引又は行為を行うことができる日」以降であれば，事前届出の受理年月日から６カ月の期間中，届出内容の範囲内で，いつでも実行することが可能です。

　なお，事前届出を行った後に予定していた対内直接投資等を取りやめることとした場合には，取下書を提出します。また，本来行うべき事前届出が漏れていた場合には，事案調査票を作成して，速やかに財務省国際局調査課投資企画審査室に連絡することが求められています[3]。

1　日本銀行に直接持参または郵送する以外に，日本銀行のオンラインシステムを通じて提出することが可能です。この場合，オンラインシステム上の画面を出力したものが届出受理証として交付されます（直投命令３条８項ただし書）。
2　事前届出の手続は，日銀QA（対内直接投資・特定取得編）Q25-1以下に詳しく解説されています。
3　日銀QA（対内直接投資・特定取得編）Q28。

【図表18−1】事前届出のスケジュールのイメージ

たとえば，事前届出が4月1日に受理され，4月5日に公示された「取引または行為を行うことができる日」が4月6日の場合，可能期間は4月6日から9月30日の間です。

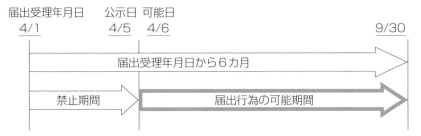

（出所）日銀QA（対内直接投資・特定取得編）Q26

Q 19　実行報告の手続

実行報告の手続について，教えてください。

ポイント

✓　事前届出の審査を経て対内直接投資等を実行した場合には，実行報告を行う必要があります。

✓　対内直接投資等の実行時だけでなく，取得した株式を処分する際などには，改めて報告を行う必要がありますので，留意が必要です。

A．解説

　事前届出の審査を通過して実際に対内直接投資等を実行した場合には，実行報告を行う必要があります。実行報告は，対内直接投資等を実行した日から45日以内に，日本銀行を経由して，報告書1通を財務大臣および事業所管大臣に提出して行います（法55条の8，直投令6条の5，直投命令7条）。

　すべての類型の対内直接投資等に実行報告が求められているわけではなく，実行報告が必要な対内直接投資等については，その類型に応じて様式が準備されています。

　株式等の取得については，取得時だけでなく，その処分のタイミングで改めて報告を行うことが求められ，また，金銭の貸付けについても，貸付時だけでなく，返済の受領時に改めて報告を行うことが求められるなど，対内直接投資等の実行時だけでなく，その後にも報告が求められる場合がありますので，留意が必要です。

イ　事後報告

Q 20　事後報告

事後報告の手続について，教えてください。

ポイント
✓　外国投資家による対内直接投資等のうち，事前届出が必要とされない取引・行為は，直投令3条1項各号に該当しない限り，事後報告が必要となります。
✓　事後報告が必要となる典型的な場面は，指定業種に属する事業を営んでいない会社に対して対内直接投資等を行う場合です。

A．解説

外国投資家による対内直接投資等については，事前届出の手続を行った場合を除き，事後報告を行う必要があります（法55条の5）。

もっとも，対内直接投資等のうち，相続・合併による株式の取得や一定割合未満の株式の取得など直投令3条1項各号に該当する場合については，事前届出および事後報告のいずれの手続も行う必要がありません[1]。

事後報告が必要となる典型的な場面は，指定業種に属する事業を営んでいない会社に対して対内直接投資等を行う場合です。

事後報告は，対内直接投資等を実行した日から45日以内に，日本銀行を経由して，報告書1通を財務大臣および事業所管大臣に提出して行います（法55条の5，直投令6条の3，直投命令6条の2）。事後報告の様式は，直投命令の別表

1　法27条1項の括弧書において，「・・・相続，遺贈，法人の合併その他の事情を勘案して政令で定めるものを除く。・・・第55条の5・・・において同じ。」とされていることから，政令で定める場合（直投令3条1項各号に該当する場合）は，法27条に基づく事前届出だけでなく，法55条の5に基づく事後報告も不要となります。

3 に規定されています[2]。

　事前届出と同様に，非居住者である個人や外国法人など国内に拠点のない外国投資家は，居住者である代理人を通じて事後報告を行う必要があります（直投令 6 条の 3 第 2 項）。

　事後報告の提出期限を徒過した場合には，速やかに報告書を提出するとともに，報告書の「その他の事項」欄に，期限内に提出できなかった理由とその旨を記載することが求められています[3]。

2　上場会社の株式または議決権の取得については，取得割合が10％未満のものについては，事後報告の様式が定められておらず（直投命令別表 3 の 5 号参照），事後報告は行う必要がないものと考えられています。
3　日銀QA（対内直接投資・特定取得編）Q18。

ウ　事前届出免除制度

Q 21　事前届出免除制度

事前届出免除制度とは，どのような制度ですか。

ポイント‥‥‥‥‥‥‥‥‥‥‥‥‥‥‥‥‥‥‥‥‥‥‥‥‥‥‥‥‥‥‥‥‥‥‥‥‥

✓　事前届出免除制度は，一定の要件を満たす対内直接投資等について，事前届出を不要とする制度です。

✓　事前届出免除制度の利用に際しては，①利用できる外国投資家の範囲，②利用できる対内直接投資等の類型，③利用に際して遵守すべき基準といった観点からの検討が必要です。

✓　コア業種に関しては，原則として，事前届出免除制度を利用できません。

1　はじめに

　事前届出免除制度とは，外国政府等の一定の外国投資家以外が行う対内直接投資等については，投資先の会社の役員に就任しないなど一定の基準を遵守することを条件に，事前届出を不要とする制度です（法27条の２）。

　経営に影響を及ぼすことを意図しておらず，国家の安全等を損なうおそれがない投資について，手続の負担を軽減することで，対内直接投資の一層の促進を図ることを目的として，2019年の法改正により導入された制度です。

　なお，事前届出免除制度を利用できるのは，事前届出が求められる３つの類型のうち，(i)指定業種に関する投資の場合に限られ，(ii)相互主義が確保されていない国・地域からの投資や，(iii)イラン関係者が行う特定の核関連業種に関する投資は，事前届出免除制度の対象となりません（直投令３条の２第２項１号）。

2 ┃ 事前届出免除制度を利用できる外国投資家

　事前届出免除制度は，①外為法違反による刑事罰等を受けてから5年を経過していないもの，②過去に事前届出免除制度の免除基準違反を理由に措置命令を受けたもの，③外国政府・国有企業等を除き，利用することができます。これら①ないし③のいずれかに該当する場合には，投資意図や国の安全等への影響について慎重な審査が必要なため，事前届出免除制度の利用は認められていません（直投令3条の2第1項）。

　ただし，③に関しては，公的年金基金やソブリン・ウェルス・ファンドのような政府系企業については，例外的に，(i)純粋な経済的収益の実現を目的とすること，(ii)投資の意思決定が外国政府等から独立していること，の2つの観点から審査を行い，財務大臣が個別に認証を付与した場合には，事前届出免除制度を利用することができます（直投令3条の2第1項柱書括弧書）。

3 ┃ 事前届出免除制度の対象となる投資類型

　事前届出免除制度を利用できる対内直接投資等の類型は，①非上場会社の株式または持分の取得・譲渡，②上場会社等の株式または議決権の取得のほか，③直投令2条16項各号所定の対内直接投資等のうち①および②に準じるものです（法27条の2第1項）。

　事業目的の変更，役員選任または事業譲渡等の同意（Q16参照）について，事前免除届出制度を利用することはできません。

4 ┃ 事前届出免除制度の利用に際して遵守することが求められる基準

　事前届出免除制度は，経営に影響を及ぼすことを意図しておらず，国家の安全等を損なうおそれがないことを理由に，手続負担の軽減を認める制度であることから，制度の利用に際しては，以下の基準を遵守することが求められます（免除基準告示）。

> ①　本人または関係者（Q16参照）が取締役[1]または監査役に就任しないこと
> ②　指定業種に属する事業の譲渡・廃止の議案を株主総会に提案しないこと
> ③　指定業種に属する事業に係る非公開の技術関連情報にアクセスしないこと

5　｜　コア業種

　コア業種は，指定業種のうち，国の安全等の観点から特に慎重な取扱いが必要な業種として，財務大臣および事業所管大臣が指定する業種です。

　コア業種については，原則として，事前届出免除制度が利用できません。詳しくは，Q22で解説しています。

1　持分会社の場合には，業務執行社員または職務執行者。

Q 22　コア業種

コア業種とは，どのようなものですか。

ポイント

✓　コア業種は，指定業種のうち，国の安全等の観点から特に慎重な取扱い
　　が必要な業種として，財務大臣および事業所管大臣が指定する業種です。

✓　コア業種に関しては，原則として，事前届出免除制度を利用することは
　　できません。

A．解説

コア業種は，指定業種のうち，国の安全等の観点から慎重な取扱いが必要な
業種として，財務大臣および事業所管大臣が指定する業種であり，コア業種告
示において指定されています（直投令3条の2第2項3号，直投命令3条の2第
3項）。具体的には，指定業種告示の別表1のすべての業種と別表2のうち一
部の業種がコア業種として指定されています。

投資先の会社またはその子会社[1]がコア業種に属する事業を営んでいる場合
には，次の2つの例外的な場合を除き，事前届出免除制度は利用できません
（免除基準告示）。

① 外国金融機関が業として上場会社等の株式・議決権を取得する場合
② 以下の追加基準のいずれをも遵守して上場会社等の株式・議決権を10%未満
　 の範囲内で取得する場合
＜追加基準＞
・コア業種に属する事業に関し，取締役会または重要な意思決定権限を有する委
　員会に参加しないこと

1　議決権の50%を保有する完全対等合弁会社も含まれます（Q17参照）。

・コア業種に属する事業に関し，取締役会もしくは重要な意思決定権限を有する委員会またはその構成員に対して，期限を付して回答・行動を求めて書面で提案を行わないこと

【図表22-1】指定業種とコア業種

事前届出対象業種

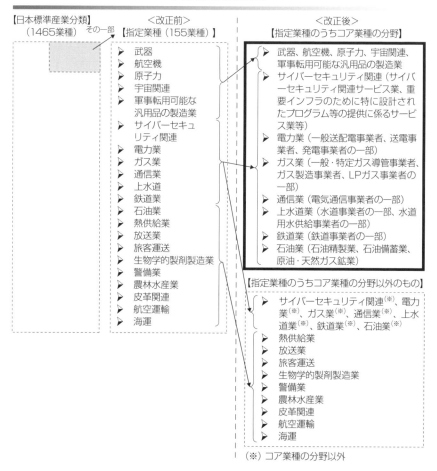

（出所）財務省「外国為替及び外国貿易法の関連政省令・告示改正について」（令和2年4月24日）をもとに筆者加工

　コア業種のうち，実務上特に問題になることが多いとされるのは，電力業とサイバーセキュリティ関連業です。これらの業種への対内直接投資等については，事前届出免除制度の利用可否に関して，特に慎重な検討を行うことが必要です。

　なお，投資先の会社が指定業種やコア業種を営んでいるか否かを外部から知ることは容易でないことから，財務省は，上場会社について，①指定業種に属する事業を営んでいない会社，②コア業種以外の指定業種に属する事業を営んでいる会社，③コア業種に属する事業を営んでいる会社の3つに区分した「本邦上場会社の外為法における対内直接投資等事前届出該当性リスト」（銘柄リスト）を公表しています。この銘柄リストを確認することによって，第一義的な情報を入手することが可能ですが，銘柄リストは，上場会社に対するアンケートの回答や定款・有価証券報告書の確認により形式的に作成されており，また，最新の情報が常時更新されて反映されているわけではありません。事前届出の要否の判断の最終責任は外国投資家が負うこととされていますので，銘柄リストの利用に際しては，常に実態と乖離している可能性があることを念頭に，インタビューやデュー・ディリジェンスを通じて実態を確認することが必要です。

Q 23　事前届出免除制度を利用した場合の事後報告

> 事前届出免除制度を利用した場合の事後報告について，教えてください。

ポイント

✓　事前届出免除制度を利用した場合，事前届出は不要ですが，事後報告を行う必要があります。

✓　事後報告の要否は，①投資先が非上場会社であるか上場会社であるか，②外国投資家の属性，③取得割合によって異なってきます。

A．解説

　外国投資家が事前届出免除制度を利用した場合，事前届出は必要ありませんが，事後報告を行う必要があります（法55条の５第１項）。

　事前届出免除制度を利用した場合の事後報告は，次の場合に，当該投資等を行った日から45日以内に直投命令の別表３・様式11の２[1]を利用して行います（直投令６条の３，直投命令６条の２，直投命令の別表３）。

---

①　非上場会社の株式または持分を取得した場合（別表３・２号）

②　上場会社等の株式または議決権を取得した場合[2][3][4]

　ａ．取得割合[5]が１％以上３％未満となる場合（別表３・３号）

　ｂ．取得割合が３％以上10％未満となる場合（別表３・４号）

1　別表３の７号の場合は，財務大臣が指定する様式を利用して行います。

2　外国金融機関については，ａまたはｂの事後報告は不要であり，ｃの事後報告のみが必要となります。

3　１％の事後報告（３号）と３％の事後報告（４号）については，過去に同一の投資先に関して事後報告を行ったことがある場合は，再度の提出は不要です。たとえば，過去に１％の株式取得に関して事後報告を行ったことがある場合，その後に所有割合が１％未満となった後，再び１％以上の株式を取得する場合でも，改めて１％の事後報告を行う必要はありません。

4　財務大臣から認証を受けたソブリン・ウェルス・ファンド等の場合は，②ではなく，③の要件に従って，事後報告を行う必要があります。

5　割合の算定に際しては，密接関係者（Q13参照）の分も合算して行います。②および③

> ｃ．取得割合が10％以上となる場合（別表3・6号）
> ③　財務大臣から認証を受けたソブリン・ウェルス・ファンド等が，上場会社等の株式または議決権を取得して，その割合が財務大臣が認めた割合未満から当該割合以上10％未満となる場合（別表3・7号）

　事前届出免除制度を利用した場合に必要となる事後報告の提出期限を徒過した場合には，財務省国際局調査課投資企画審査室に速やかに相談することが求められています[6]。通常の事後報告と異なり，事前届出免除制度を利用した場合の事後報告については，免除基準の遵守に関するモニタリングが予定されており[7]，その違反に対する勧告等の措置が規定されています（法27条の2第3項以下）。そのため，通常の事後報告における提出漏れの場合と異なり（Q20参照），単に事後報告を追完すれば足りるといった対応では不十分であり，相談が必要とされています。

においても同じです。
6　日銀QA（対内直接投資・特定取得編）Q19。
7　大量保有報告書の確認など。

（4）　対内直接投資等に関する行政上の措置・刑事罰

Q 24 　対内直接投資等に関する行政上の措置・刑事罰

対内直接投資等に関する行政上の措置・刑事罰について，教えてください。

ポイント

✓　事前届出の対象となる対内直接投資等について，国の安全等の観点から問題がある場合には，変更・中止の勧告・命令がなされることがあります。

✓　事前届出を行わずにまたは変更・中止の命令に違反するなどして対内直接投資等が行われた場合には，対内直接投資等により取得した株式の売却処分その他の措置を命じられることがあります。また，これらの場合には，刑事罰の対象にもなります。

A. 解説

1 　行政上の措置

　対内直接投資等に関する行政上の措置としては，対内直接投資等の実行前の事前規制である変更・中止の勧告または命令に加えて，違法に行われた対内直接投資等を是正するための事後規制として，株式・持分の処分その他の措置を命ずる措置命令の制度があります。

　また，かかる行政上の措置を実効的に発動することができるように，主務大臣には報告徴収（法55条の8，直投令6条の5）および立入検査（法68条）の調査権限が与えられています。

(1)　変更・中止の勧告・命令（事前規制）

　事前届出の対象となる対内直接投資等について，国の安全等の観点から問題

があると判断された場合には，内容の変更または中止の勧告が行われます（法27条5項）。外国投資家が，勧告を受けたにもかかわらず，当該勧告を応諾しない場合には，対内直接投資等の内容の変更または中止の命令が行われます（同10項）。

　なお，経済事情の変化その他の事由により，事後的に，国の安全等の観点から問題がなくなったと認められる場合には，勧告または命令の全部または一部が取り消されることがあります（同11項）。

　なお，過去に変更・中止命令が出されたのは，2008年に，外資系の投資ファンドが電源開発株式会社（Jパワー）の株式を追加取得しようとした際の1件（中止命令）のみといわれています。

(2)　措置命令（事後規制）

ア　無届等の場合

　①事前届出をすべきであったのに事前届出をせずに対内直接投資等を行った場合，または②禁止期間の満了前に対内直接投資等を行った場合，財務大臣および事業所管大臣は，株式・持分の処分その他必要な措置を命じることができます（法29条1項）。

　また，③虚偽の事前届出をした場合にも，財務大臣および事業所管大臣は，必要な措置[1]を命じることができます（同2項）。

イ　変更・中止命令等に違反した場合

　外国投資家が，①変更・中止の勧告を応諾したにもかかわらず，当該勧告に従わなかった場合，または②変更・中止の命令を受けたにもかかわらず，当該命令に違反した場合，財務大臣および事業所管大臣は，株式・持分の処分その他必要な措置を命じることができます（法29条3項，4項）。

1　①または②については，「株式又は持分の全部又は一部の処分その他必要な措置を命ずることができる」（法29条1項）と規定されているのに対し，③については，単に「必要な措置を命ずることができる」（同2項）とだけ規定されています。

ウ　事前届出免除制度（Q21）の遵守基準に違反した場合

　財務大臣および事業所管大臣は，外国投資家が，事前届出免除制度の遵守基準に違反している場合，基準を遵守するための必要な措置を勧告することができ（法27条の2第3項），また，当該外国投資家が，当該勧告を受けたにもかかわらず，勧告に従わなかった場合には，当該勧告に係る措置を命じることができます（同4項）。

　外国投資家がさらに当該命令に違反した場合には，財務大臣および事業所管大臣は，株式・持分の処分その他必要な措置を命じることができます（法29条5項）。

3 ┃ 刑事罰

(1)　事前届出の違反行為

　①事前届出をすべきであったのに事前届出をせずに対内直接投資等を行った者，②禁止期間の満了前に対内直接投資等を行った者，③虚偽の事前届出をした者，④変更・中止の勧告を応諾したにもかかわらず，当該勧告に従わなかった者，⑤変更・中止の命令を受けたにもかかわらず，当該命令に違反した者，または⑥法29条1項から5項までの措置命令に違反した者は，3年以下の懲役若しくは100万円以下の罰金（違反行為の目的物の価格の3倍が100万円を超えるときは，当該価格の3倍以下の罰金）に処され，またはこれらを併科される可能性があります（法70条1項22号ないし26号）。

(2)　実行報告・事後報告の違反行為

　①実行報告または事後報告をしなかった者や，②虚偽の実行報告または事後報告を行った者は，6月以下の懲役または50万円以下の罰金に処せられる可能性があります（法71条6号，9号）。

(3)　報告徴収・立入検査の違反行為

　①報告徴収に係る報告命令に違反して報告をせず，または虚偽の報告をした

者，②立入検査を拒否・妨害等した者は，6月以下の懲役または50万円以下の罰金に処せられる可能性があります（法71条9号，11号，12号）。

2　特定取得

Q 25　特定取得

> 特定取得について，教えてください。

ポイント

✓　特定取得の規制は，外国投資家の間で行われる非上場会社の株式または持分の取得を対象とします。

✓　特定取得の規制の枠組みは，対内直接投資等の規制とほぼ同じです。

【図表25−1】特定取得の規制対象となる取引

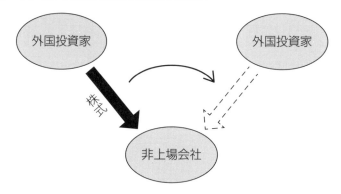

A．解説

　「特定取得」とは，外国投資家が，外国投資家から，非上場会社の株式または持分を取得する行為をいいます（法26条3項）。外国投資家間における非上場会社の株式または持分の譲渡については，従来，規制がなかったところ，昨今，非上場会社の株式または持分に関する取引が活発化してきたことや，非上場会社の事業の安全保障上の重要性が高まってきたことを受け，2017年の法改正の際に特定取得の規制が導入されました。

　特定取得は，対内直接投資等と同じく，外為法の第5章に規定されています。

規制の枠組みは，対内直接投資等とほぼ同じで，Q5からQ9，Q17以下の内容が参考になります。大きく異なる点は，対内直接投資等が，(a)国の安全，(b)公の秩序の維持，(c)公衆の安全の保護，(d)我が国経済の円滑な運営という4つの観点から規制を行っているのに対して，特定取得は，(a)国の安全という観点からのみ規制を行っている点です（法28条1項，直投令4条2項，指定業種告示（特定取得））。

　したがって，特定取得において事前届出が必要となるのは，国の安全の観点から指定された業種に属する事業を営む会社の株式または持分を取得する場合に限られます。

【図表25-2】特定取得における指定業種の概要[1]（再掲図表5-2）

「国の安全」：武器，航空機，原子力，宇宙関連，軍事転用可能な汎用品の製造業，感染症に対する医薬品・高度医療機器製造業，サイバーセキュリティ関連
「公の秩序」：電気・ガス，熱供給，通信事業，放送事業，水道，鉄道，旅客運送
「公衆の安全」：生物学的製剤製造業，警備業
「我が国経済の円滑運営」：農林水産，石油，皮革関連，航空運輸，海運

※取消線は，対内直接投資等において指定業種とされるものに対して，特定取得においては指定業種とされない業種。

1　取消線のある業種は，対内直接投資等との関係では指定業種に含まれる一方，国の安全の観点からのみ規制が行われる特定取得との関係では指定業種の対象とならない業種を示しています（Q17参照）。

3　技術導入契約の締結等

Q 26　技術導入契約の締結等

技術導入契約の締結等について，教えてください。

ポイント

✓　知的財産権の譲渡やライセンス契約の締結は，「技術導入契約の締結等」として，事前届出または事後報告が必要となる場合があります。

✓　事前届出が必要となるのは，①(a)航空機，(b)武器，(c)火薬類の製造，(d)原子力，または(e)宇宙開発に関する技術に係る取引であって，かつ，②対価が1億円を超えるなど一定の要件を満たす取引に限られます。

A．解説

　外為法上，居住者と非居住者との間で行われる知的財産権の譲渡やライセンス契約の締結等による技術の導入については，「技術導入契約の締結等」として，事前届出または事後報告の規制を受けることがあります（法30条，55条の6）。

　技術導入契約の締結等は，対内直接投資等と同じく，外為法の第5章に規定されており，規制の枠組みは，対内直接投資等に類似した内容となっています。

　事前届出の規制を受けるのは，①(a)航空機，(b)武器，(c)火薬類の製造，(d)原子力，または(e)宇宙開発に関する技術（これらの技術は「指定技術」と呼ばれます。）に係る取引に限られ，かつ，②(a)対価が1億円を超える，(b)対価が定まっていない，または(c)クロスライセンスを行うなど一定の要件に該当する場合に限られます。

　事前届出が必要となる場合，技術導入契約の締結等をしようとする日の前3カ月以内に届出を行う必要があり，また，届出後の一定期間（禁止期間：原則30日）は取引を行うことができません。事前届出に対しては，国の安全等の観

点から，契約の変更・中止を勧告・命令する制度が整備されています（法30条
5項，7項，直投令5条，直投命令5条）。

　一方で，事前届出の規制を受けない技術導入契約については，指定技術に関
係しない契約であるなど，事後報告が不要とされている一部の場合を除き，技
術導入契約を締結した日から45日以内に，事後報告を行う必要があります（法
55条の6，直投令6条の4，直投命令6条の3）。

　なお，対内直接投資等については，外国投資家が事前届出や事後報告の義務
を負うのに対して，技術導入契約の締結等においては，技術導入を行う居住者
が事前届出や事後報告の義務を負います。

4　資本取引

Q 27　資本取引の規制の概要

> 資本取引の規制はどのようなものですか。
> 資本取引・対外直接投資・特定資本取引の関係について，教えてください。

ポイント

✓　対外直接投資と特定資本取引は，資本取引の一類型であり，資本取引から独立した概念ではありません。これらについては，その他の資本取引とは少し異なる規制がなされています。

✓　資本取引については，①事前許可，②事前届出，および③事後報告の３つの類型の規制が存在しますが，多くの場合，③事後報告の要否を検討すれば足ります。

A．解説

　対外直接投資と特定資本取引は，資本取引の一類型であり，資本取引から独立した概念ではありません。

【図表27－1】資本取引・対外直接投資・特定資本取引の関係

　資本取引に対しては，①事前許可，②事前届出，および③事後報告の3つの類型の規制がなされています。

　もっとも，①事前許可を必要とする資本取引は，いわゆる経済制裁措置の対象となっている相手方との間で行われるものに限られているため，実際に問題となる場面は限定的です。また，②事前届出を必要とするのは，対外直接投資のうち特殊な業種を対象とするものに限られているため，こちらも実際に問題となる場面は限定的です。

　そのため，大部分の資本取引については，③事後報告の要否を検討すれば足ります。

　なお，具体的な規制内容は，日本銀行が作成している日銀QA（資本取引編）の巻末資料「1．資本取引の規制概要」において，最新の情報が詳細にまとめられています。

【図表27-2】資本取引の規制のまとめ

	①事前許可	②事前届出	③事後報告
資本取引	△	×	○
対外直接投資	△	△	○
特定資本取引	△	×	×※1

○：規制あり

△：規制あり（ただし，その範囲は限定的）

×：規制なし

※1　ただし，Q33において解説するとおり，特定資本取引については，現在のところ，事後報告が必要となるケースは存在しません。

Q 28 資本取引の規制に関する外為法の体系

資本取引の規制に関する外為法の体系を教えてください。

A. 解説

外為法は，資本取引について，①事前許可，②事前届出，および③事後報告の3つの類型の規制を行っていますが，それぞれの規制の根拠条文は以下のとおりです。

1 ┃ 事前許可

資本取引，対外直接投資と特定資本取引のいずれについても，一定の場合には，事前許可を取得する必要があります。

(1) 資本取引，対外直接投資

法21条は，「我が国が締結した条約その他の国際約束を誠実に履行することを妨げ」ることとなる事態や，「国際平和のための国際的な努力に我が国として寄与することを妨げることとなる事態」が生じると認められるなどの一定の場合には，主務大臣が，資本取引と対外直接投資について事前許可を受ける義務を課すことができる旨を定めています。もっとも，同条は，具体的にどのような場合に事前許可が必要となるかについてまでは規定せず，政令の定めに委ねています。

そして，同条を受けた外為令11条は，事前許可を必要とする資本取引と対外直接投資の具体的な内容については，財務大臣が告示により定めるものとしており，これを根拠として告示が定められています。

外為法21条 → 外国為替令11条 → 財務大臣の告示

⑵　特定資本取引

　法24条は，「我が国が締結した条約その他の国際約束を誠実に履行することを妨げ」ることとなる事態や，「国際平和のための国際的な努力に我が国として寄与することを妨げることとなる事態」が生じると認められるなどの一定の場合には，主務大臣が，特定資本取引について事前許可を受ける義務を課すことができる旨を定めています。もっとも，同条は，具体的にどのような場合に事前許可が必要となるかについてまでは規定せず，政令の定めに委ねています。

　そして，同条を受けた外為令15条は，事前許可を必要とする特定資本取引の具体的な内容については，経済産業大臣が告示により定めるものとしており，これを根拠として告示が定められています。

> 外為法24条 → 外国為替令15条 → 経済産業大臣の告示

2　事前届出

　事前届出に関する規制は，資本取引のうち対外直接投資のみに対して課せられています。

　法23条は，「我が国経済の円滑な運営に著しい悪影響を及ぼす」，または「国際的な平和及び安全を損ない，又は公の秩序の維持を妨げる」ことになる事態が生じるおそれのある対外直接投資については，事前届出を行う必要がある旨を定めています。もっとも，同条は，具体的にどのような場合に事前届出が必要となるかについてまでは規定しておらず，これについては，法23条を受けた外為令12条，さらに同条を受けた外為省令21条により規定されています。

> 外為法23条 → 外国為替令12条 → 外為省令21条

3 ｜ 事後報告

　資本取引，対外直接投資と特定資本取引については，一定の場合には，事後報告を行う必要があります。法55条の３は，事後報告を必要とする資本取引の内容，さらには，報告の方法および内容を定めていますが，いずれについても，その具体的な規制内容の定めを政令に委ねており，これを受けた外為令18条の５が，規制内容の大枠を定めています。

　もっとも，外為令18条の５も，詳細な規制内容については省令に委ねており，これを受けた報告省令の５条から13条が，詳細なルールを定めています。

```
外為法55条の３ → 外国為替令18条の５ → 報告省令５条から13条
```

(1) 資本取引

Q 29 資本取引の類型

どのような取引・行為が，資本取引に該当しますか。

ポイント
- ✓ 資本取引の内容は，(i)居住者と非居住者との間の金融取引，(ii)居住者間の外貨建ての金融取引，(iii)越境取引の要素が認められる証券の発行・募集，(iv)越境取引の要素が認められる不動産の取得，および(v)同一法人の日本と外国の事務所間の資金授受に大別されます。
- ✓ 資本取引への該当性を検討する際には，取引・行為の(i)主体，(ii)相手方，(iii)場所，(iv)通貨等に注目することが重要です。

A. 解説

一般に，資本取引とは，主に資金の移動のみで物・サービスの移動を伴わない対外的な金融取引であるといわれ，具体的には，法20条に列挙された以下の取引・行為が該当します。

【図表29-1】資本取引の類型

①	居住者と非居住者との間の預金契約または信託契約に係る取引	1号
②	居住者と非居住者との間の金銭の貸借または債務の保証に係る取引	2号
③	居住者と非居住者との間の対外支払手段または債権の売買に係る取引	3号
④	居住者間の外貨建ての預金契約，信託契約，金銭の貸借，債務の保証または売買に係る取引	4号
⑤	居住者と非居住者との間の証券の取得・譲渡	5号
⑥	居住者による外国における証券（円建ておよび外貨建て）の発行・募集	6号 7号

	居住者による日本における証券（外貨建て）の発行・募集 非居住者による日本における証券（円建て及び外貨建て）の発行・募集 非居住者による外国における証券（円建て）の発行・募集	
⑦	居住者と非居住者との間の金融指標等先物取引	8号
⑧	居住者間の外貨払い，または金融指標を外貨とする金融指標等先物取引	9号
⑨	居住者による外国にある不動産の取得 非居住者による日本にある不動産の取得	10号
⑩	同一法人の日本と外国の事務所間の資金授受	11号
⑪	①から⑩に準ずるものとして外国為替令で定められたもの	12号

　各類型の内容を理解するためのポイントは，以下のとおりです。

①　居住者と非居住者との間の預金契約または信託契約に係る取引

　預金契約には，銀行等の金融機関へのいわゆる預金に限らず，企業間で金銭を預けること（たとえば，日本の会社が，アメリカの取引先への支払を行うための資金をアメリカの子会社に一時的に預けること）も含まれます。

　また，日系の銀行の海外支店は，外為法上，非居住者として取り扱われるため（Q4参照），居住者が当該海外支店で行う預金に関する取引も，資本取引に該当します。

②　居住者と非居住者との間の金銭の貸借または債務の保証に係る取引

　金銭の貸付けと借入れの両方が，資本取引に該当します。なお，ここでいう金銭の貸付けや借入れについては，金銭貸借契約の締結や貸付けの実行だけでなく，借入人による返済や，貸付人による放棄・免除も含みます。

　もっとも，居住者から非居住者に対する金銭の貸付けについては，対外直接投資に該当する可能性があり，この点は，Q31において解説します。また，非居住者から居住者に対する金銭の貸付けについては，対内直接投資等に該当す

る可能性があり，この点は，Q10において解説しています。

③　居住者と非居住者との間の対外支払手段または債権の売買に係る取引

　対外支払手段とは，外国通貨のほか，外貨建ての小切手，為替手形，電子マ
ネー等を意味します（法6条1項7号，8号，外為令2条1項1号，2号）。

　また，売買には，為替手形等の売買のような典型的な売買に限らず，外国通
貨との両替も含まれます。

④　居住者間の外貨建ての預金契約，信託契約，金銭の貸借，債務の保証または売買に係る取引

　これは，居住者間で行われる外貨建ての①②③の類型の取引であり，居住者
間の取引であることと，外貨建ての取引に限定されることがポイントです。居
住者間での円建ての取引には，越境取引の要素が認められないため，このよう
な限定がされています。

　ただし，③の類型とは異なり，売買の対象は債権に限定されず，動産や不動
産も含みます。そのため，居住者間で商品（動産）を外貨建てで決済して売買
することは，資本取引に該当します。

⑤　居住者と非居住者との間の証券の取得・譲渡

　証券とは，公債，社債，株式，出資持分，新株予約権，コマーシャル・ペー
パー（CP）等を意味し（法6条1項11号，外為令2条2項，外為省令2条1項），
外貨建てであるか否かは問いません。ただし，法人格のない海外パートナー
シップの持分は含まれません。

　また，証券自体の取得に限らず，証券の取得・譲渡に係るオプション権の取
得も資本取引に含まれる点に留意が必要です。

　②と同様，対外直接投資または対内直接投資等に該当する可能性があり，こ
の点については，それぞれ，Q31とQ10において解説しています。さらに，特
定取得に該当する可能性がある点については，Q25を参照してください。

⑥　証券の発行・募集

　居住者・非居住者のいずれであるか，発行または募集の場所が日本内外のいずれであるか，証券が円建てと外貨建てのいずれであるかに応じて，資本取引の該当性を判断することになり，一見すると複雑です。

　もっとも，居住者または非居住者による証券の発行・募集（各区別に応じて，8パターン存在します）の大部分が資本取引に該当し，資本取引に該当しないのは，居住者による日本における円建ての証券の発行・募集と，非居住者による外国における外貨建ての証券の発行・募集に限られます。これらの発行・募集が資本取引に該当しない理由は，越境取引の要素が認められないためです。

⑦　居住者と非居住者との間の金融指標等先物取引

　金融指標等先物取引とは，いわゆるデリバティブ取引を意味します（法6条1項14号，外為令2条5項，外為省令2条2項）。

⑧　居住者間の外貨払いの金融指標等先物取引，または金融指標を外貨とする　金融指標等先物取引

　⑦との違いは，居住者間で行われるものであることと，外貨に関するものであること（外貨払いである，または金融指標を外貨とすること）の2点です。居住者間での円に関する取引には，越境取引の要素が認められないため，資本取引には含まれません。

⑨　不動産の取得

　取得の相手方は，居住者と非居住者のいずれであるかを問いません。また，不動産の所有権を取得することに限らず，賃借権，地上権や抵当権等を取得することも含まれます。

⑩　同一法人の日本と外国の事務所間の資金授受

　日本と外国の事務所間の資金授受のすべてが資本取引に該当するものではな

く，人件費，光熱費，事務所の賃借料等の経常的な経費や，輸出入等の経常的な取引にかかる資金授受は，資本取引の対象から除外されています（外為令9条）。

⑪　①から⑩に準ずるものとして外国為替令で定められたもの

　現時点で定められているのは，居住者と非居住者との間の金の地金の売買に係る取引のみです（外為令10条）。

Q 30　対内直接投資等と資本取引の関係

対内直接投資等にも資本取引にも該当する行為については，どちらの規制が及ぶのですか。

A.　解説

たとえば，外国投資家による日本企業への経営参加を目的とした金銭の貸付けや出資は，資本取引の一類型である「居住者と非居住者との間の金銭の貸借契約…に基づく債権の発生等に係る取引」（法20条2号）や「居住者による非居住者に対する証券の譲渡」（同条5号）に該当すると同時に，対内直接投資等の一類型である「本邦に主たる事務所を有する法人に対する…金銭の貸付け」（法26条2項7号）や「会社の株式又は持分の取得」（同項1号）等にも該当し得ます。

しかし，法20条の柱書は，「資本取引とは，次に掲げる取引又は行為（…対内直接投資等に該当する行為を除く。）をいう。」と規定しているため，同条に列挙された資本取引の各類型に該当する行為であっても，それが同時に対内直接投資等に該当する場合には，当該行為は資本取引には該当しないものと取り扱われ，対内直接投資等の規制のみが及ぶことになります。

そのため，上記のような金銭の貸付けや出資は，資本取引には該当しないものと取り扱われ，対内直接投資等の規制のみを受けることになります。

（2） 対外直接投資

Q 31　対外直接投資の類型

どのような行為が，対外直接投資に該当しますか。

ポイント

✓ 対外直接投資とは，(i)居住者が外国における事業活動に参加するために行う行為であり，他者である外国法人の事業活動に参加するためのものと，(ii)居住者が自らの外国における事業活動を拡充するためのものに分かれます。

✓ (i)には，外国法人の発行する証券の取得と，外国法人への金銭の貸付けの2つの類型が存在します。その一方，(ii)は，外国支店等の設置または拡張のために行われる，日本国内の事務所から外国事務所への資金の支払が該当します。

A．解説

対外直接投資は，資本取引の一形態であり，居住者が外国における事業活動に参加するために行う以下の行為が該当します（法23条2項，外為令12条4項，外為省令23条）。

① 居住者が一定の支配を有する，または有することとなる外国法人の発行する証券の取得

② 居住者が一定の支配を有する外国法人に対して行う1年を超える金銭の貸付け

③ 居住者たる法人が行う当該法人の日本国内の事務所から外国事務所への資金の支払のうち，外国の支店，工場その他の事業所（単なる海外駐在員事務所は含みません。以下「外国支店等」といいます。）の設置または拡張にかかる資金の支払

　このように，対外直接投資は，いずれも居住者が外国における事業活動に参加するための行為であるという特徴を有していますが，居住者が他者である外国法人の事業活動に参加するための行為（上記①②）と，居住者が自らの外国における事業活動を拡充するための行為（上記③）に大きく分けることができます。

　その上で，居住者が他者である外国法人の事業活動に参加するための行為については，その方法により，証券の取得（上記①）と金銭の貸付け（上記②）に分けられます。

【図表31-1】対外直接投資の類型

```
対外直接投資＝居住者が外国における事業活動に参加するための行為

┌─────────────────────────────┐  ┌──────────────────┐
│他者である外国法人の事業活動への参加        │  │自らの外国における      │
│┌───────────┐┌───────────┐│  │事業活動の拡充＝       │
││外国法人の証券   ││外国法人への    ││  │外国支店等の設置または   │
││の取得       ││金銭の貸付け    ││  │拡張のための資金の支払   │
││（上記①）     ││（上記②）     ││  │（上記③）          │
│└───────────┘└───────────┘│  │                │
└─────────────────────────────┘  └──────────────────┘
```

　なお，上記①②③のいずれの類型についても，重要性の低い行為を除くための要件が設けられています。

1 │ 上記①②に共通する要件

　まず，上記①②については，居住者が外国法人に対して一定の支配を有している（または，上記①の証券の取得の結果，一定の支配を有することとなる）ことが共通の要件とされています。そして，ここでいう「一定の支配」には，(1)出資による支配と，(2)出資以外の方法による支配の2つの類型が存在します（法23条2項，外為令12条4項，外為省令23条）。

(1)　出資による支配

　出資による支配は，居住者による外国法人への出資比率が10％以上である場合に認められます。なお，居住者単独で10％以上の出資比率を有する必要はなく，居住者が，居住者であるか非居住者であるかを問わず，その100％出資子会社や共同出資者と合計して10％以上の出資比率を有する場合にも，出資による支配が認められます。

　また，対外直接投資のうち外国法人の証券の取得の類型（上記①）については，１回の取得により０％から10％以上の出資比率となる場合だけでなく，10％未満の出資比率の状況の下での新たな取得により10％以上の出資比率になる場合や，すでに10％以上の出資比率の状況の下でさらなる追加的な取得を行う場合も，対外直接投資に該当します。

(2)　出資以外の方法による支配

　出資以外の方法による支配は，居住者が外国法人に対して以下のいずれかを行っている場合に認められます。

・役員の派遣（常勤・非常勤を問わない）
・長期にわたる原材料の提供または製品の売買
・重要な製造技術の提供

2　上記②の要件

　上記②については，貸付期間が１年以下の金銭の貸付けは，対外直接投資から除外されています。

3　上記③の要件

　上記③については，単なる海外駐在員事務所の設置または拡張に係る資金の支払は，対外直接投資から除外されています。

Q 32 外国法人に対する貸付債権の放棄または免除

海外子会社の清算を行う中で，当該子会社に対する貸付債権の放棄または免除を実施する場合，対外直接投資の規制に留意する必要がありますか。

A．解説

清算を実施する過程においては，財産の換価や債権の回収などを行うとともに，債権者に対する債務の弁済を行い，もし残余財産が存在する場合には，株主に対する分配を行うことになります。海外子会社については，その親会社である日本法人から貸付けを受けているケースが多く見られますが，当該海外子会社の清算を実施する場合には，他の債権者への債務の弁済を優先するため，親会社である日本法人は，当該海外子会社に対する貸付債権の放棄または免除を行うことがあります。

親会社である日本法人が海外子会社に対して行う貸付けは，貸付期間が1年を超える場合には，Q31において解説した「居住者が一定の支配を有する外国法人に対して行う1年を超える金銭の貸付け」に該当し，対外直接投資に該当します。その一方，貸付債権の放棄または免除は，「金銭の貸付け」ではなく，対外直接投資のその他の類型にも該当しないため，対外直接投資には該当しません。

もっとも，外国法人に対する貸付債権の放棄または免除は，対外直接投資には該当しないものの，資本取引（法20条2号）に該当するため，放棄または免除に係る債権の金額が10億円相当額以上の場合には，事後報告が必要になる点に留意する必要があります（法55条の3，報告省令10条2項）[1]。

1　日銀QA（資本取引編）Q32

（3）　特定資本取引

Q 33　特定資本取引の類型

> どのような行為が，特定資本取引に該当しますか。

A．解説

　特定資本取引とは，資本取引の一類型である居住者と非居住者との間の金銭の貸借または債務の保証にかかる取引のうち，①輸出入取引に直接伴うもの，および②居住者による非居住者に対する鉱業権や工業所有権（特許権，実用新案権，意匠権および商標権）の移転に関するもの指します（法24条1項，外為令14条1項）。

　①については，たとえば，以下のような取引が該当します。

(a)　貨物の輸入者たる居住者が，非居住者たる外国の輸出者（メーカー）に対し，当該貨物を製造し，日本に輸出するための資金を貸し付け，輸入する貨物代金によって，その貸付金債権の全額を回収する取引

(b)　（(a)とは反対に）居住者が輸出者（メーカー），外国の非居住者が輸入者となる(a)と同様の取引

(c)　貨物を輸出または輸入する居住者が非居住者との間で債務の保証契約（履行保証契約など）を締結する取引

　また，②については，たとえば，以下のような取引が該当します。

(a)　居住者たる石油開発会社が，非居住者たる外国のコントラクターに貸付けを行い，その貸付金債権の全額の返済を当該コントラクターが保有する石油の探鉱開発権の移転により相殺する取引

(b)　居住者たる石油開発会社が，外国の石油開発に入札し，入札保証契約を締結する取引

　このような性質から，特定資本取引には，その他の資本取引や対外直接投資とは大きく異なる点が2点あります。まず，特定資本取引については，その他の資本取引や対外直接投資を所管する財務大臣ではなく，経済産業大臣の所管とされています。また，輸出入取引に関連するものであり，税関等を通じて一定の情報を取得できる等の理由から，現時点では，事後報告が必要となるケースは存在しません（法55条の4，外為令18条の6第1項，貿易外省令10条2項）。

（4）　事前許可・事前届出・事後報告

Q 34　事前許可が必要となる資本取引

> どのような資本取引について，事前許可が必要になりますか。

ポイント

- ✓　資本取引，対外直接投資と特定資本取引のいずれについても，いわゆる経済制裁措置の対象となっている相手方との間で行われる場合には，事前許可が必要となる場合がありますが，その範囲は限定的です。
- ✓　事前許可を必要とする具体的な取引の内容は，資本取引と対外直接投資については財務大臣の告示，特定資本取引については経済産業大臣の告示により定められており，政治・経済情勢等に応じて，随時，追加や変更等が行われます。

A．解説

　資本取引，対外直接投資と特定資本取引のいずれについても，事前許可が必要になる場合がありますが，その根拠となる外為法の条文や許可権者は，①資本取引・対外直接投資と②特定資本取引で違いがあります。

1 ｜ 資本取引・対外直接投資

　外為法上，財務大臣は，以下の観点から，事前許可の取得を要する資本取引・対外直接投資を告示により定めることとされています（法21条1項，2項，外為令11条）。

---

① 　国際協調，国際的な安全保障，日本の安全保障（法21条1項，10条1項）
② 　日本の国際収支の均衡の維持（法21条2項1号）
③ 　円相場の急激な変動の防止（法21条2項2号）

④　日本と外国との間の大量の資金移動による日本の金融・資本市場への悪影響の防止（法21条２項３号）

　現時点では，①の観点から，平成10年３月30日大蔵省告示99号により，いわゆる経済制裁措置として，北朝鮮，イラン，イラク，ロシア，タリバーン関係者，テロリスト等の関連において行われる一定の資本取引・対外直接投資について，事前許可の取得が義務づけられているにとどまります。具体的な規制内容は，財務省のウェブサイト上に，経済制裁措置及び対象者リストとしてまとめて掲載されています。

2 ｜ 特定資本取引

　外為法上，経済産業大臣は，資本取引・対外直接投資に関する上記①②③④と同じ観点から，事前許可の取得を要する特定資本取引を告示により定めることとされています（法24条１項，２項，外為令15条）。

　そして，資本取引・対外直接投資と同様，現時点では，上記①の観点から，平成15年５月31日経済産業省告示193号により，いわゆる経済制裁措置として，北朝鮮，イラン，イラク，ロシア，タリバーン関係者，テロリスト等の関連において行われる一定の特定資本取引について，事前許可の取得を義務づけられているにとどまります。具体的な規制内容は，経済産業省のウェブサイト上に，制裁関連情報としてまとめて掲載されています。

Q 35　事前届出が必要となる資本取引

> どのような資本取引について，事前届出が必要になりますか。

ポイント

✓ 漁業，皮革，武器，麻薬等の業種に関わる対外直接投資は，事前許可の取得を要するものでない限り，財務大臣に対する事前届出を行う必要があります。

✓ 事前届出の受理日から一定期間は，対外直接投資の実行は禁止され，場合によっては，内容の変更や中止を勧告・命令されることがあります。

A．解説

　資本取引，対外直接投資と特定資本取引のうち，事前届出が必要になる可能性があるのは対外直接投資に限られます（Q27参照）。

　事前届出が必要になる対外直接投資は，日本経済の円滑な運営や，国際的平和や安全等の観点において，特に問題になるおそれがあるものであり，具体的には，以下の5つの業種に関わるものです（法23条1項，外為令12条1項，外為省令21条）。

---

① 漁業（水産動植物の採捕の事業）
② 皮革または皮革製品の製造業
③ 武器の製造業
④ 武器製造関連設備の製造業
⑤ 麻薬等の製造業

　上記の5つの業種に関わる対外直接投資を行おうとする居住者は，事前許可の取得を要する場合（Q34参照）を除き，財務大臣に対する事前届出を行う必要があります。なお，金額基準等により，事前届出が不要となる場合はありません。

　事前届出が行われた場合，財務大臣は，日本経済の円滑な運営や，国際的平和や安全等の観点から審査を行い，問題が認められる場合には，届出の受理日から20日の間，対外直接投資の内容の変更または中止を勧告することができます（法23条４項）。この20日間は，一般に禁止期間と呼ばれ，この期間中に対外直接投資を実行することは認められません（同条３項本文）。もっとも，特に支障がないと認められる対外直接投資については，禁止期間が短縮され（同項ただし書），実際，多くの場合，禁止期間の短縮が認められます。また，勧告を受けた者が勧告に従わなかった場合，財務大臣は，変更または中止を命じることができます（同条９項）。

　なお，先進国向けの皮革または皮革製品の製造業に関わる対外直接投資など，一定の場合には，禁止期間なしに，届出の受理日から当該対外直接投資の実行が認められます。

Q 36　事後報告が必要となる資本取引

どのような資本取引について，事後報告を行う必要がありますか。

A．解説

　外為法は，一定の資本取引について，事後報告を行うことを義務づけています（法55条の3）。もっとも，Q33において解説したとおり，現時点では，特定資本取引については，事後報告が必要となるケースは存在しません。

　事後報告が必要となる資本取引は，以下のいずれにも該当しない資本取引です（法55条の3第1項，外為令18条の5第1項，報告省令5条）。

> ①　事前許可を必要とする資本取引（Q34参照）
> ②　事前届出を必要とする対外直接投資（Q35参照）
> ③　事後報告が不要とされている資本取引

　このうち，③事後報告が不要とされている資本取引の具体的な内容は，報告省令5条において規定されています。比較的広い範囲の資本取引について事後報告が不要とされているため，実際に事後報告が必要となる資本取引の範囲は限定的です。

　資本取引の類型ごとに事後報告の要否をまとめると，以下の表のとおりになります。なお，①から⑪の数字は，Q29の表の数字に対応しています。

【図表36-1】 事後報告の要否のまとめ

	資本取引の類型	報告義務者	事後報告の要否等
①	居住者と非居住者との間の預金契約または信託契約に係る取引（法20条1号）	—	不要 ただし，月末残高が1億円相当額を超える海外預金については，居住者は，資本取引に関する事後報告とは別の制度である海外預金の残高報告（報告省令32条）が必要です。
②	居住者と非居住者との間の金銭の貸借または債務の保証に係る取引（法20条2号）	居住者	一部必要 （対外直接投資に該当する場合であって，貸付けの実行後に行われる居住者による10億円相当額以上の貸付債権の放棄・免除に限り，事後報告が必要になります。）
③	居住者と非居住者との間の対外支払手段または債権の売買に係る取引（法20条3号）	—	不要
④	居住者間の外貨建ての預金契約，信託契約，金銭の貸借，債務の保証または売買に係る取引（法20条4号）	—	不要
⑤	居住者と非居住者との間の証券の取得・譲渡（法20条5号）	居住者	必要 ただし，以下のものについては，事後報告は不要です。 (1)　対外直接投資に該当する場合 ・10億円相当額未満の証券の取得・譲渡 ・証券の貸借取引（貸付，貸付の回収，借入，借入の返済） (2)　対外直接投資に該当しない場合

			・1億円相当額以下の証券の取得・譲渡 ・銀行等・金融商品取引業者が媒介・取次ぎ・代理をした証券の取得・譲渡 ・別途，報告をする承認金融機関，外為業務報告をする者が行った証券の取得・譲渡 ・証券の貸借取引（貸付，貸付の回収，借入，借入の返済） ・特定取得の事前届出に係る取得または処分報告（実行報告）の対象になるもの
⑥-1	居住者による外国における証券（円建ておよび外貨建て）の発行・募集（法20条6号） 居住者による日本における証券（外貨建て）の発行・募集（法20条6号）	居住者	必要 ただし，以下のものについては，事後報告は不要です。 ・10億円相当額未満のもの ・譲渡性預金の預金証書（CD: Certificate of Deposit）の発行・募集
⑥-2	非居住者による日本における証券（円建ておよび外貨建て）の発行・募集（法20条6号）	非居住者	必要 ただし，以下のものについては，事後報告は不要です。 ・10億円相当額未満のもの
⑥-3	非居住者による外国における証券（円建て）の発行・募集（法20条7号）	非居住者	必要 ただし，以下のものについては，事後報告は不要です。 ・10億円相当額未満のもの ・譲渡性預金の預金証書（CD）の発行・募集
⑦	居住者と非居住者との間の金融指標等先物取引（法20条8号）	―	不要

⑧	居住者間の外貨払い，または金融指標を外貨とする金融指標等先物取引（法20条9号）	―	不要
⑨-1	居住者による外国にある不動産の取得（法20条10号）	―	不要
⑨-2	非居住者による日本にある不動産の取得（法20条10号）	非居住者	必要 ただし，以下のものについては，事後報告は不要です。 ・非居住者が，自らまたは自らの親族もしくは使用人の居住の用に供するために行った不動産の取得 ・非居住者が，自らの営む非営利目的の業務の用に供するために行った不動産の取得 ・非居住者が，自らの事務所の用に供するために行った不動産の取得 ・非居住者が，他の非居住者から行った不動産の取得
⑩	同一法人の日本と外国の事務所間の資金授受（法20条11号）	―	不要
⑪	①から⑩に準ずるものとして外国為替令で定められたもの（居住者と非居住者との間の金の地金の売買契約に係る取引）（法20条12号）	―	不要

Q 37　事後報告の手続

事後報告の手続について，教えてください。

A.　解説

Q36において解説したとおり，事後報告が必要となる資本取引の類型は，以下の4つに大別することができます。

---

① 対外直接投資に該当する場合であって，貸付けの実行後に行われる居住者による10億円相当額以上の貸付債権の放棄・免除（Q36の表の②）

② 居住者と非居住者との間の証券の取得・譲渡（Q36の表の⑤）

③ 居住者による外国における証券（円建ておよび外貨建て）の発行・募集（Q36の表の⑥-1）
居住者による日本における証券（外貨建て）の発行・募集（Q36の表の⑥-1）
非居住者による日本における証券（円建ておよび外貨建て）の発行・募集（Q36の表の⑥-2）
非居住者による外国における証券（円建て）の発行・募集（Q36の表の⑥-3）

④ 非居住者による日本にある不動産の取得（Q36の表の⑨-2）

これらの資本取引について事後報告を要する場合，それぞれ，以下の表に記載された日の翌日から起算して20日以内に，日本銀行を経由して，所定の様式による報告書を財務大臣に対して提出する必要があります（法55条の3第1項，報告省令9条ないし12条）。なお，資本取引の類型ごとの様式は，日本銀行のウェブサイトから入手することが可能です。

【図表37-1】事後報告の起算日

	起算日
上記①	当該貸付債権の消滅日
上記②	当該証券の取得日または譲渡日（所有権の移転の日） または 当該証券の取得または譲渡に係る支払等をした日 のいずれか遅い日
上記③	当該証券の発行または募集を行った日（払込日）
上記④	当該不動産の取得日（所有権の移転の日）

Q 38 資本取引に関する刑事罰

資本取引に関する刑事罰について，教えてください。

A. 解説

1　事前許可・届出の違反

事前許可または届出が必要であるにもかかわらず，許可の取得または届出をせずに取引を行った場合，虚偽の届出をした場合，禁止期間中に取引を行った場合，変更・中止命令に違反して取引を行った場合など，事前の許可・届出に関する規制に違反した場合には，3年以下の懲役もしくは100万円以下の罰金（ただし，違反行為の目的物の価格の3倍が100万円を超えるときは，当該価格の3倍以下の罰金）に処され，またはこれらを併科される可能性があります（法70条1項7号，10号ないし14号）。

2　事後報告の違反

事後報告が必要であるにもかかわらず，事後報告をせず，または虚偽の報告をした場合には，6カ月以下の懲役または50万円以下の罰金に処される可能性があります（法71条3号）。

第 **3** 章

送金編

（Q39～Q47）

Q 39　送金に関する規制

送金に関する規制はどのようなものですか。

A. 解説

　外為法は、送金とその受領に対応する概念として、それぞれ「支払」と「支払の受領」という表現を用いており、これらを「支払等」と総称した上で（法8条）、①日本と外国の間の支払等と②居住者と非居住者との間の支払等に対して、一定の規制を行っています。

【図表39−1】外為法と送金

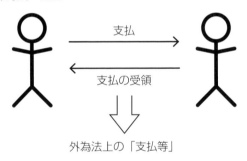

　外為法が支払等に対して行っている規制は、①事前許可と②事後報告に大別されます。対内直接投資等や資本取引とは異なり、支払等については、事前届出という類型の規制は行われていません。

　Q43において解説するとおり、①事前許可を必要とする支払等は、いわゆる経済制裁措置の対象となっている相手方との間で行われるものに限定されており、実際に問題となる場面は限定的です。そのため、大部分の支払等については、②事後報告の要否を検討すれば足ります。①事前許可と②事後報告のいずれも必要ない場合には、特段の手続は必要になりません。

【図表39－2】「支払等」に対する規制の類型

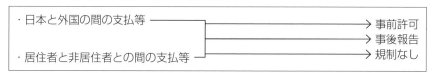

【図表39－3】送金の規制に関するフローチャート

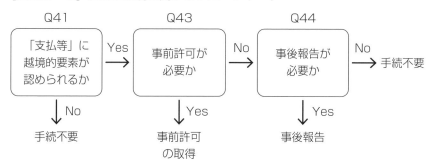

Q 40 ｜「支払等」の規制に関する外為法の体系

「支払等」の規制に関する外為法の体系を教えてください。

A. 解説

　外為法は，支払等について，①事前許可と②事後報告の2つの類型の規制を行っていますが，それぞれの規制の根拠条文は以下のとおりです。

1 ｜ 事前許可

　法16条は，「我が国が締結した条約その他の国際約束を誠実に履行するため必要があると認めるとき」や「国際平和のための国際的な努力に我が国として寄与するため特に必要があると認めるとき」をはじめとする一定の場合には，主務大臣が，支払等について事前許可の義務を課すことができる旨を定めています。もっとも，同条は，具体的にどのような場合に事前許可が必要となるかについてまでは規定せず，政令の定めに委ねています。

　そして，同条を受けた外為令6条は，事前許可を必要とする具体的な支払等の内容については，財務大臣または経済産業大臣が告示により定めるものとしており，これを根拠として，各大臣が告示を定めています。

外為法16条 → 外国為替令6条 → 財務大臣・経済産業大臣の告示

---

2 ｜ 事後報告

　法55条は，事後報告を必要とする支払等の内容，さらには，報告の方法および内容を定めていますが，いずれについても，その具体的な規制内容の決定を政令に委ねており，これを受けた外為令18条の4が，一定程度具体的な規制内容を定めています。

　もっとも，外為令18条の4も，詳細な規制内容については省令に委ねており，

これを受けた報告省令の1条から3条が詳細を定めています。

外為法55条 → 外国為替令18条の4 → 報告省令1条から3条

1　「支払等」の類型

Q 41　「支払等」の類型

外為法の規制対象となる「支払等」とは，どのような行為ですか。

ポイント

- ✓　「支払等」とは，①支払と②支払の受領を指し，銀行送金を利用した資金の授受に限らず，現物決済，現物出資，代物弁済や相殺等による債権債務を消滅させる行為を広く含みます。
- ✓　外為法の規制対象となる「支払等」は，(i)日本と外国の間の支払等と(ii)居住者と非居住者との間の支払等に大別されます。

A．解説

1　「支払等」の定義

外為法は，①支払と②支払の受領を総称して，「支払等」と定義しています（法8条）。「外国為替法令の解釈及び運用について」（解釈通達）の16-1等は，「支払等」に該当する行為として，以下の3つの類型を挙げています。

① 支払手段[1]を移転する行為
② 支払手段以外の財産的価値の移転により債権債務を消滅させる行為

1　支払手段とは，以下のものをいいます（法6条1項7号，外為令2条1項，解釈通達16-1等）。
① 銀行券，政府紙幣および硬貨
② 小切手（旅行小切手を含む），為替手形，郵便為替および信用状
③ 電子マネーであって政令で定めるもの
④ 約束手形
⑤ 暗号資産など，①②④のいずれかに類するものであつて，支払のために使用することができるもの

③ 財産的価値の移転を伴わず債権債務を消滅させる行為

　銀行送金を利用した資金の授受は，典型的な「支払等」に該当する行為ですが，それ以外にも，現物決済，現物出資，代物弁済や相殺等による債務の履行および債権の回収は，上記②または③に該当するものとして，「支払等」に該当する点に留意が必要です。

　そのため，たとえば，相手方に対して有する100万米ドルの債権（売掛金）と，相手方に対して負う60万米ドルの債務（ライセンス料の支払債務）を相殺したうえで，その差額の40万米ドルについて，銀行送金による支払を受けた場合には，以下の3つの行為が「支払等」に該当することになります。

① 60万米ドルの売掛金の回収：支払の受領
② 60万米ドルのライセンス料の支払：支払
③ 40万米ドルの売掛金の回収：支払の受領

　なお，立替払を他者に依頼した場合や，第三者への支払のための資金を他者に預けた場合に，どのような行為が「支払等」に該当するかについては，Q42において解説します。

【図表41-1】「支払」と「支払の受領」

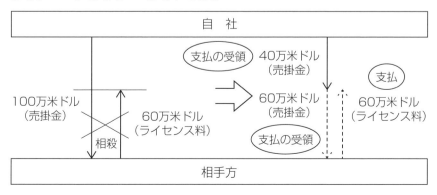

2 │ 外為法の規制対象となる「支払等」

　外為法の規制対象となる「支払等」は，大きく以下の2つに分けることができ（法16条1項，55条1項）。いずれも越境的要素の認められる「支払等」であるということができます。

---

① （当事者が居住者と非居住者のいずれであるかを問わず）日本と外国の間の支払等
② （日本と外国の間でなされるかを問わず）居住者と非居住者との間の支払等

　もっとも，事前許可にかかる規制（法16条）と報告にかかる規制（法55条）では，それぞれの目的等に応じて，規制対象となる「支払等」の範囲が異なり，この点については，それぞれ，Q43，およびQ44，Q45において解説します。

【図表41-2】越境的要素の認められる「支払等」

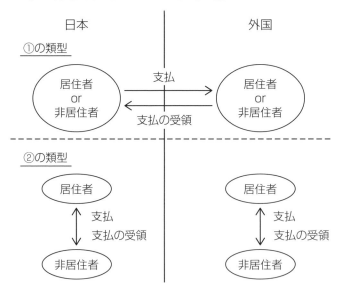

Q 42　立替払および預け金の「支払等」への該当性

　立替払を他者に依頼した場合や，第三者への支払のための資金を他者に預けた場合，どのような行為が「支払等」として外為法の規制を受けますか。

a．当社（A社）は，B社に対して買掛金債務を負っています。当社は，子会社であるC社にB社への債務を立替払してもらい，その後，C社に立替払分の資金を送金する予定です。この場合，どの行為が「支払等」に該当しますか。

b．当社（A社）は，D社に対して買掛金債務を負っています。当社は，子会社であるE社にD社への支払のための資金を送金し，その後，当社に代わってE社からD社へ支払を行ってもらう予定です。この場合，どの行為が「支払等」に該当しますか。

ポイント

✓　立替払および預け金を行う場合，直接的・明示的な資金の移動が伴わない行為についても，外為法上の「支払」や「支払の受領」に該当することに留意する必要があります。

✓　もっとも，外為法上の「支払」や「支払の受領」に該当するすべての行為について，事後報告が求められるものではなく，その要否については，別途の考慮が必要です。

A.　解説

1　立替払

　Q41において解説したとおり，「支払等」には，銀行送金を利用した資金の授受に限らず，現物決済，現物出資，代物弁済や相殺等による債権債務を消滅させる行為が広く含まれ，債権債務の消滅に際して，債権者と債務者の間で直

接的な財産的価値の移転を伴うことは必要ではありません。

　設例aにおいては，A社とB社との間で，直接的に金銭その他財産的価値の移転は認められませんが，C社がB社に対して立替払を行うことにより，A社のB社に対する債務は消滅することになります。そのため，外為法上は，C社がB社に対して立替払を行った時点において，A社からB社への「支払」が行われたと捉えることになります。

　また，A社とC社との関係においては，C社がB社に対する立替払を行った時点において，立替払に係る資金について，A社とC社の間で金銭消費貸借が行われた（A社がC社から立替払に係る資金の貸付けを受けた）と考え，外為法上は，この時点において，A社は，C社から「支払の受領」を受けたと捉えることになります。そして，A社がC社に対して立替払分の資金を送金したことについて，C社からの借入れの返済として，外為法上の「支払」を行ったと捉えることになります。

【図表42－1】立替払と「支払等」

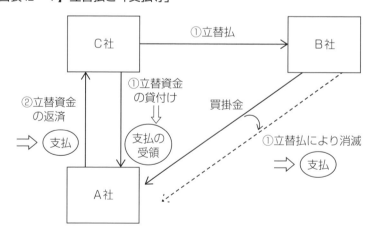

2 ｜ 預け金

　設例bにおいては，まず，A社は，E社に対して預け金を送金した行為について，外為法上の「支払」を行っています。その後，E社がA社に代わってD社への支払を行うことにより，A社とD社との間に直接的に金銭その他財産的価値の移転は認められませんが，A社のD社に対する債務は消滅することになります。そのため，外為法上は，E社がA社に代わってDへの支払を行った時点において，A社からD社への「支払」が行われたと捉えることになります。

　また，A社は，E社がD社に対する支払を行うことにより，E社から預け金の返還を受けたと考えることができるため，E社から「支払の受領」を受けたと捉えることになります。

【図表42－2】預け金と「支払等」

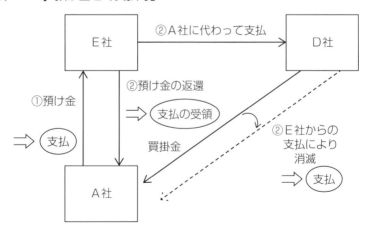

3 ｜ 事後報告の要否

　各設例においては，A社が支払等に関する事後報告（法55条）を行う必要があるかが問題となります。外為法上の「支払等」として規制を受けるのは，①

日本と外国の間の支払等である場合か，②居住者と非居住者の間の支払等である場合に限られますので（Q41参照），A社の各「支払」および「支払の受領」についての事後報告の要否は，支払等が行われる場所が日本国内・外国のいずれであるか，また，A社からE社までの各社が居住者・非居住者のいずれであるかを確認する必要があります。その上で，外為法において事後報告が免除されている支払等に該当するか等を考慮して判断する必要があります。

　外為法上の「支払」または「支払の受領」と捉えられることは，それがただちに事後報告の対象となることを意味するものではない点には注意が必要です。

　具体的にどのような支払等について事後報告が必要となるかは，Q44およびQ45において解説します。

2　事前許可・事後報告

（1）　事前許可

Q 43　事前許可を必要とする支払等

> どのような支払等について，事前許可が必要となりますか。

ポイント
- ✓　事前許可を必要とする支払等は，主として経済制裁措置の対象となっている相手方との間で行われるものであり，その範囲は限定的です。
- ✓　もっとも，経済制裁措置の内容は随時変更される可能性があるため，一定の国や地域等に所在する相手方との間で支払等を行う場合には，特に慎重になる必要があります。

A．解説

1　はじめに

　以下の2つの要件に該当する支払等が，事前許可を必要とします（法16条1項から3項，10条1項）。

---

① 日本から外国へ向けた支払または居住者と非居住者の間の支払等であること
② 支払等の相手方や目的が一定の類型に該当すること

---

　①に該当する支払等は数多く存在しますが，以下において解説するとおり，②に該当する類型は限定的である結果，事前許可を必要とする支払等の範囲も限定的なものにとどまります。

2 ｜ 日本から外国へ向けた支払，または居住者と非居住者の間の支払等であること

(1) 日本から外国へ向けた支払

　支払を行う者および支払を受領する者のいずれについても，居住者であるか非居住者であるかを問わず，およそ日本から外国へ向けた支払であれば，前記の要件①に該当します。

【図表43－1】日本から外国へ向けた支払

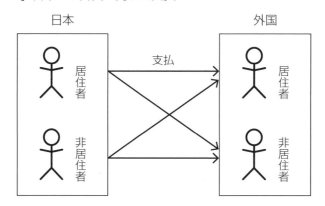

　事前許可を取得する必要がある主体が，居住者か非居住者であるかを問わず，日本から外国へ向けた支払を行おうとする者です。

　なお，日本から外国へ向けた支払とは逆方向である，外国から日本へ向けた支払は，以下の(2)居住者と非居住者の間の支払等として，前記の要件①に該当する場合があります。

(2) 居住者と非居住者の間の支払等

　支払等が日本と外国のいずれで行われるかを問わず，居住者と非居住者の間の支払等であれば，上記の要件①に該当します。

【図表43−2】居住者と非居住者の間の支払等

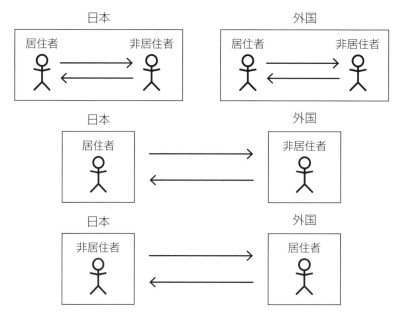

　事前許可を取得する必要がある主体は，非居住者との間で支払等を行おうと
する居住者の方に限定されており，上記(1)の日本から外国へ向けた支払とは異
なり，非居住者の側で，事前許可の取得が必要になることはありません。

3　支払等の相手方や目的が一定の類型に該当すること

(1)　外為法の規定

　外為法自体は，どのような類型の支払等が事前許可を必要とするかについて，
具体的な規定は設けておらず，事前許可を必要とする支払等の具体的な内容は，
以下の観点から，財務大臣又は経済産業大臣が告示により定めることとされて
います（法16条１項から３項，外為令６条）。

①　国際協調，国際的な安全保障，日本の安全保障（法16条１項，10条１項）
②　日本の国際収支の均衡の維持（法16条２項）

> ③　外為法令の確実な実施（法16条3項）

(2)　①の観点からの支払等の規制

　①の観点からの支払等の規制は，いわゆる経済制裁措置として行われるものであり，財務省および経済産業省の告示により，北朝鮮，イラン，イラク，ロシア，タリバーン関係者，テロリスト等の関連において，相手方や目的により，一定の支払等について，事前許可が必要とされています。

　なお，2022年2月から開始されたロシアによるウクライナへの軍事行動を背景として，ロシア関連の経済制裁措置が拡大されるなど，一般的に，経済制裁措置の内容は随時変更される可能性があり，それに伴い，事前の許可を必要とする支払等の範囲も随時変更される可能性があります。そのため，経済制裁措置が行われている可能性があり得る国や地域等に所在する相手方との間で支払等を行う場合には，事前に財務省および経済産業省のウェブサイトを確認することが重要です。

(3)　②の観点からの支払等の規制

　②の観点からの支払等の規制は，現時点では行われていません。

(4)　③の観点からの支払等の規制

　③の観点からの支払等の規制は，いわば外為法の潜脱を防止するためのものであり，現時点では，居住者による日本から外国への支払であって，以下の事業を行う法人格のない海外パートナーシップへの事業活動資金の支払のみが対象とされています。

(i)　漁業
(ii)　皮革または皮革製品の製造業
(iii)　武器の製造業

⒤　武器製造関連設備の製造業

⒱　麻薬等の製造業

　これは，Q29において解説したとおり，法人格のない海外パートナーシップの持分は外為法上の証券に該当せず，その持分の取得に対しては対外直接投資の規制が及ばないことを受けて定められたルールです。

（2）　事後報告

Q 44　事後報告を必要とする支払等

どのような支払等について，事後報告を行う必要がありますか。

ポイント

✓ 居住者による日本と外国の間の支払等と，居住者による非居住者との間
の支払等について，事後報告が求められます。

✓ 事後報告を行うべき主体は，居住者のみであり，非居住者が事後報告を
求められることはありません。

A．解説

事後報告を必要とする支払等の範囲は，法55条1項に規定されており，その
内容と報告を行うべき主体は以下の2つに大別されます[1]。

【図表44-1】事後報告を必要とする支払等

	支払等の主体	支払等の内容	報告を行うべき主体
①	居住者	日本から外国へ向けた支払 外国から日本へ向けた支払の受領	居住者
②	居住者	非居住者との間の支払および支払の受領	居住者

①については，支払等の相手方が居住者と非居住者のいずれであるかを問い

1　正確には，非居住者による日本から外国へ向けた支払，および外国から日本へ向けた
支払の受領も法55条1項に挙げられた上で，報告省令1条2項本文により，一律に報告が
免除されるという構造になっていますが，本書においては，説明の便宜上，上記のような
表現を行っています。

ません。

　その一方，②については，支払等が日本と外国のいずれで行われたかを問いません。

【図表44-2】日本と外国の間の支払等

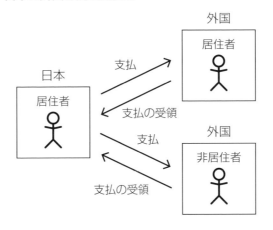

【図表44-3】非居住者との間の支払等

Q 45　事後報告が免除される場合

> どのような支払等について，事後報告が免除されていますか。

A. 解説

1 ｜ はじめに

　事後報告が免除される支払等の範囲は，外為法自体には定められておらず，外為令および報告省令に定められています（外為令18条の4，報告省令1条）。そのうち主なものは以下のとおりです。

---

① 3,000万円以下の支払等
② 貨物の輸出入に伴う支払等
③ 外国にある非居住者との間で行った預金契約に関する支払等
④ 海外の建設工事に関する海外預金口座（いわゆるプロジェクト口座）への支払等（ただし，月間の合計額が1億円以下のものに限る）

---

2 ｜ 3,000万円以下の支払等

　3,000万円以下であるか否かは，1回の支払等の金額により判断されます。

　そのため，たとえば，5,000万円の売買代金を2,500万円ずつ2回に分けて支払った場合，2回の支払のいずれについても，事後報告は免除されることになります。

　その一方，たとえば，継続的な売買を行っている場合において，1月分の売買代金1,500万円と2月分の売買代金2,000万円の合計3,500万円を3月にまとめて一度で支払った場合には，事後報告は免除されません。

　なお，支払等が外貨建てである場合には，以下のレートにより日本円に換算した金額で，3,000万円以下であるか否かを判断することになります。

① 日本円との売買（両替）を伴う場合（たとえば，米ドル建ての支払を円建て
口座で受領する場合など）
　　実際に売買（両替）をした「実勢外国為替相場」
② 日本円との売買（両替）を伴わない場合（たとえば，米ドル建ての支払を米
ドル建て口座で受領する場合など）
　　財務大臣が日本銀行において公示する「基準外国為替相場・裁定外国為替相
場」

3　貨物の輸出入に伴う支払等

　貨物の輸出入は，通関手続を経て日本から外国へ，または外国から日本に移
動するものである必要があり，仲介貿易（三国間貿易）など，日本において通
関手続を経ない取引にかかる支払等については，事後報告は免除されません。

4　外国にある非居住者との間で行った預金契約に関する支払等

　預金契約には，銀行との間のものに限らず，自社の子会社や支店等への預け
金に係る契約も含まれます。

5　海外の建設工事に関する海外預金口座（いわゆるプロジェクト口座）への支払等（ただし，月間の合計額が1億円以下のものに限る）

　この類型は，海外預金口座（いわゆるプロジェクト口座）を通じて行われる，
海外の建設工事のための材料の購入費，労務費，外注費その他の費用の支払や，
当該工事の代金の受領について，月額の合計額が1億円以下である場合には，
事後報告を免除するものです。

Q 46 事後報告の手続

> 事後報告の手続について，教えてください。

A. 解説

1 はじめに

　支払等に関する事後報告の手続は，まず，当該支払等が銀行等または資金移動業者を利用して行われたものであるか否かにより，大きく2つに分かれます。さらに，支払等ごとに個別に報告するか（個別報告），1カ月間の支払等を一括して報告するか（一括報告）により，さらに2つに分かれる結果，支払等に関する事後報告の手続は，合計4種類存在します。

　これらの4種類の手続においては，事後報告の提出先，報告書の様式，報告期限等が異なります。なお，報告書の様式については，いずれも，日本銀行のウェブサイトから入手することが可能です。

2 銀行等または資金移動業者を経由する支払等の事後報告

(1) 個別報告による場合

　居住者は，支払等を行った日から10日以内に，所定の様式による報告書を当該銀行等または資金移動業者に提出する必要があります。

　このような方法とは別に，「日本銀行外為法手続きオンラインシステム」を利用して事後報告を行うことも可能であり，その場合には，事後報告の期限が，支払等を行った日から20日以内とされています。

(2) 一括報告による場合

　居住者は，当月に行った支払等を一括して報告する場合，翌月10日までに，所定の様式による報告書を当該銀行等または資金移動業者に提出する必要があります。

　なお，個別報告による場合と同様，「日本銀行外為法手続きオンラインシステム」を利用して事後報告を行うことも可能であり，その場合には，事後報告の期限が，翌月20日までとされています。

3 ┃ 銀行等または資金移動業者を経由しない支払等の事後報告

　個別報告による場合と一括報告による場合のいずれについても，翌月20日までに，所定の様式による報告書を日本銀行に提出する必要があります。ただし，個別報告による場合と一括報告による場合とでは，報告書の書式が異なります。

Q 47　支払等に関する刑事罰

> 支払等に関する刑事罰について，教えてください。

A．解説

1 │ 事前許可

　事前許可が必要であるにもかかわらず，事前許可を取得せずに支払等を行った場合，3年以下の懲役もしくは100万円以下の罰金（ただし，違反行為の目的物の価格の3倍が100万円を超えるときは，当該価格の3倍以下の罰金）に処され，またはこれらを併科される可能性があります（法70条1項3号）。

2 │ 事後報告

　事後報告が必要であるにもかかわらず，事後報告をせず，または虚偽の報告をした場合，6カ月以下の懲役または50万円以下の罰金に処される可能性があります（法71条2号）。

第 **4** 章

貿易編

（Q48～Q57）

1　輸　出

| **Q 48** | 輸出に関する貿易管理の概要 |

> 輸出に関する貿易管理の概要について，教えてください。

ポイント

✓　外為法上，貨物・技術の輸出に関して，経済産業大臣の許可または承認が必要とされる場合があります。

✓　外為法上の規制は，大きく，安全保障を目的とする安全保障貿易管理と，条約の履行等の安全保障以外を目的とする貿易管理の2つに分けることができます。

✓　安全保障貿易管理は，①特定の貨物・技術に該当するか否かという観点から行われるリスト規制と，②貨物・技術の内容を問わずに，用途や需要者等に照らして行われるキャッチオール規制の2つの規制からなります。

A．解説

1　はじめに

外為法は，48条において貨物（モノ）の輸出に関する規定を，25条において技術の輸出に関する規定を設けています。

貿易という言葉は，通常，貨物の取引を指して使用されますが，外為法上，貨物と技術に対する規制内容はほぼ同じであることから，本書では，説明の便宜上，貨物と技術をあわせて，貿易管理として取り扱っています。

なお，技術については，国境をまたぐ古典的な輸出[1]の場合だけでなく，そ

1　技術については，外為法上，「提供」という言葉が使われていますが（法25条），本書では，便宜上，「輸出」という言葉を使用しています。

れと同視し得るような国内の行為（みなし輸出管理）も外為法上の規制の対象とされています（Q52）。

2　安全保障貿易管理とそれ以外の輸出貿易管理

外為法における貨物・技術の規制は，安全保障の観点から行われる貿易管理（安全保障貿易管理）とそれ以外の観点から行われる貿易管理に分かれます。

(1)　安全保障貿易管理

安全保障貿易管理は，武器や軍事転用可能な貨物・技術が，国際社会の安全を脅かす国家やテロリスト等の手にわたることを防ぐために，国際的な枠組み（国際輸出管理レジーム）の下で，国際社会と協調して行っている輸出管理の取組みです。

具体的には，貨物に関しては法48条1項および2項に基づき，技術に関しては法25条1項から4項に基づき，「国際的な平和及び安全の維持」の観点から，輸出について経済産業大臣の許可が必要とされる場合があります。

国際輸出管理レジームは，いわゆる条約等の法的拘束力のある取決めと異なり，紳士協定とされています。外為法上の安全保障貿易管理の基礎となっているものとして，以下の4つを挙げることができます。

【図表48－1】　4つの国際輸出管理レジーム

	大量破壊兵器関連			通常兵器関連
	核兵器関連	生物・化学兵器	ミサイル	
名称	NSG：原子力供給国グループ	AG：オーストラリア・グループ	MTCR：ミサイル技術管理レジーム	WA：ワッセナー・アレンジメント
発足年	1978年	1985年	1987年	1996年
参加国	48カ国	42カ国，EU	35カ国	42カ国

(2)　安全保障以外を目的とする輸出貿易管理

　外為法は，安全保障以外の目的で行われる輸出貿易管理として，下表の規制目的に基づき，貨物・技術の輸出について，経済産業大臣の承認を受ける義務を課すことを認めています。

【図表48-2】安全保障以外の目的で行われる輸出貿易管理

	貨物	技術
根拠条文	法48条3項	法25条6項
規制目的	① 国際収支の均衡の維持 ② 外国貿易および国民経済の健全な発展 ③ 条約その他の国際約束の誠実な履行 ④ 国際平和のための国際的な努力に我が国として寄与 ⑤ 我が国の平和および安全の維持	① 条約その他の国際約束の誠実な履行 ② 国際平和のための国際的な努力に我が国として寄与 ③ 我が国の平和および安全の維持

　一般的によく知られているものとして，水俣条約に基づく水銀の輸出規制やワシントン条約（絶滅のおそれのある野生動植物の種の国際取引に関する条約）に基づく動植物の輸出規制があります。これらは，上表のうち，「条約その他の国際約束の誠実な履行」を目的としている規制の例です。

　北朝鮮向けの輸出が規制されていることもよく知られていますが，これは，「我が国の平和及び安全の維持」（＝法10条1項の閣議決定の実施）を目的とするものです。

3　｜　リスト規制とキャッチオール規制

　安全保障貿易管理は，リスト規制とキャッチオール規制の2つの規制により行われています。

　リスト規制は，国際輸出管理レジームを踏まえて，武器や兵器の開発等[2]に転用される可能性の高い貨物・技術をリスト化して，当該リストに該当する貨物・技術の輸出を経済産業大臣の許可にかからしめる制度です。

　これに対して，キャッチオール規制は，貨物・技術の内容を問わずに，需要者が誰であるか（需要者要件），あるいは用途が何であるか（用途要件）という客観要件を満たすかどうか，または経済産業大臣から許可申請をすべき旨の通知を受けているかどうか（インフォーム要件）という観点から規制を行う制度です。

　詳細は，Q50において解説しています。

【図表48－3】輸出貿易管理の全体像

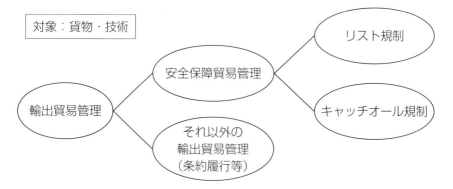

2　開発，製造，使用または貯蔵。

Q 49　輸出の規制に関する外為法の体系

輸出の規制に関する外為法の体系を教えてください。

ポイント

✓　貨物の輸出に関する規制は法48条以下に，技術の輸出に関する規制は法25条以下に，それぞれ規定されています。

✓　主な下位規範として，貨物については，①輸出令，②貨物等省令，③輸出規則が，技術に関しては，①外為令，②貨物等省令，③貿易外省令があります。

✓　法令等の法規範のほか，通達等で規制当局の考え方が明らかにされています。

A. 解説

1　はじめに

　外為法上，貨物については48条以下で，技術については25条以下で，それぞれ規制されています。貨物・技術のいずれについても，安全保障貿易管理と安全保障以外を目的とする輸出管理の2つの観点からの規制があります。

2　安全保障貿易管理に関する法体系

　安全保障貿易管理に関しては，貨物について法48条1項，2項が，技術について法25条1項から4項が，それぞれ規定しています。

　これらの下位規範として，貨物に関しては，①輸出令，②貨物等省令，③輸出規則があります。輸出令は，どのような貨物が輸出管理の対象となるかを規定しています。貨物等省令は，輸出令を受けて，輸出管理の対象となる貨物のさらに詳細な機能や仕様を規定しています。輸出規則は，輸出許可の申請に際しての手続を規定しています。技術に関しても，これとパラレルに，下位規範

として，①外為令，②貨物等省令，③貿易外省令があります。外為令は輸出管理の対象となる技術を，貨物等省令はそれら技術のさらに詳細な機能や仕様を，貿易外省令は輸出許可の申請に際しての手続を，それぞれ規定しています。

通達としては，貨物について運用通達が，技術について役務通達が，それぞれ語句等の解釈を含めた当局の考え方を示すものとして存在しています。

【図表49-1】安全保障貿易管理に関する法体係

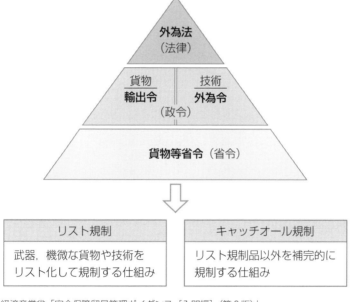

（出所）経済産業省「安全保障貿易管理ガイダンス［入門編］〈第2版〉」

2 ┃ 安全保障以外を目的とする輸出管理に関する法体系

安全保障以外を目的とする輸出管理に関しては，貨物について法48条3項が，技術について法25条6項が，それぞれ規定しています。

　貨物に関する下位規範としては，①輸出令，②輸出規則があります。技術に関する下位規範としては，①外為令，②貿易外省令があります。

Q 50　リスト規制とキャッチオール規制

> リスト規制とキャッチオール規制について，教えてください。

ポイント

✓　リスト規制とは，武器や兵器の開発等に転用される可能性の高い貨物・技術をリスト化して，当該リストに該当する貨物・技術の輸出を経済産業大臣の許可にかからしめる制度です。

✓　キャッチオール規制とは，リスト規制の対象外の貨物・技術であっても，大量破壊兵器や通常兵器の開発に用いられるおそれがある場合に，その輸出を経済産業大臣の許可にかからしめる制度です。

✓　貨物・技術の輸出に際しては，リスト規制とキャッチオール規制のどちらの規制にも抵触しないことを確認する必要があります。キャッチオール規制の確認に際しては，経済産業省が公表しているフロー図（本設問の末尾に掲載）が役に立ちます。

A. 解説

1　はじめに

　安全保障貿易管理は，貨物・技術を対象として，リスト規制およびキャッチオール規制の2つの規制によって行われています。規制対象となる貨物・技術を輸出するためには，経済産業大臣の許可が必要になります。

2　リスト規制

　リスト規制は，国際輸出管理レジーム（Q48参照）を踏まえて，武器や兵器の開発等[1]に転用される可能性の高い貨物・技術をリスト化して，当該リスト

1　開発，製造，使用または貯蔵。

に該当する貨物・技術の輸出を経済産業大臣の許可にかからしめる制度です。

　貨物については輸出令の別表第１の１項から15項において，技術については外為令の別表の１項から15項において，それぞれリスト化されています。貨物のリストと技術のリストは，概ね[2]対をなしており，輸出令の別表第１に規定される貨物の製造・設計・使用に関する技術が外為令の別表に規定されています。

【図表50-1】リスト規制の対象貨物・技術の概要

分類	リスト規制品目
武器	武器（１項）
大量破壊兵器関連	原子力（２項），化学兵器（３項），生物兵器（３の２項），ミサイル（４項）
通常兵器関連	先端材料（５項），材料加工（６項），エレクトロニクス（７項），電子計算機（８項），通信（９項），センサー等（10項），航法装置（11項），海洋関連（12項），推進装置（13項），その他（14項），機微品目（15項）

3　キャッチオール規制

　キャッチオール規制は，リスト規制の対象外の貨物・技術であっても，大量破壊兵器等[3]や通常兵器の開発に用いられるおそれがある場合に，その輸出を経済産業大臣の許可にかからしめる制度です。

　キャッチオール規制には，大量破壊兵器キャッチオール規制と通常兵器キャッチオール規制の２種類があります。いずれも，客観要件またはインフォーム要件の２つの要件により規制が行われ，いずれかの要件を満たせば，経済産業大臣の許可が必要となります。

2　「概ね」としているのは，リスト規制の対象技術（外為令の別表）には，リスト規制の対象貨物（輸出令の別表第１）に関する技術以外の技術（はみだし技術）が含まれているためであり，この点は留意が必要です。
3　核兵器，化学兵器，生物兵器およびミサイル。

　客観要件は，輸出者が「用途」または「需要者」の確認を行った結果，大量破壊兵器等または通常兵器の開発等に用いられるおそれがある場合に許可を必要とする仕組みです。前者を用途要件，後者を需要者要件と呼びます。

【図表50-2】キャッチオール規制のフロー図

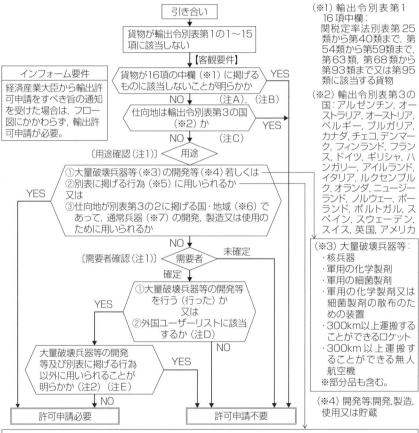

（※1）輸出令別表第1 16項中欄：関税定率法別表第25類から第40類まで，第54類から第59類まで，第63類，第68類から第93類まで又は第95類に該当する貨物

（※2）輸出令別表第3の国：アルゼンチン，オーストラリア，オーストリア，ベルギー，ブルガリア，カナダ，チェコ，デンマーク，フィンランド，フランス，ドイツ，ギリシャ，ハンガリー，アイルランド，イタリア，ルクセンブルク，オランダ，ニュージーランド，ノルウェー，ポーランド，ポルトガル，スペイン，スウェーデン，スイス，英国，アメリカ

（※3）大量破壊兵器等：
・核兵器
・軍用の化学製剤
・軍用の細菌製剤
・軍用の化学製剤又は細菌製剤の散布のための装置
・300km以上運搬することができるロケット
・300km以上運搬することができる無人航空機
※部品も含む。

（※4）開発等:開発,製造,使用又は貯蔵

（※5）おそれ省令 別表に掲げる行為：・核燃料物質又は核原料物質の開発等　・核融合に関する研究
・原子炉（発電用軽水炉を除く）又はその部分品若しくは附属装置の開発等　・重水の製造
・核燃料物質の加工　・核燃料物質の再処理　・以下の行為であって，軍若しくは国防に関する事務をつかさどる行政機関が行うもの，又はこれらの者から委託を受けて行うことが明らかなもの
　　a　化学物質の開発又は製造　　b　微生物又は毒素の開発等
　　c　ロケット又は無人航空機の開発等　　d　宇宙に関する研究
※a及びdについては告示で定めるものを除く。

(※6) 輸出令別表第3の2に掲げる国・地域：アフガニスタン, 中央アフリカ, コンゴ民主共和国, イラク, レバノン, リビア, 北朝鮮, ソマリア, スーダン, 南スーダン
(※7) 通常兵器：輸出令別表第1の1の項の中欄に掲げる貨物(大量破壊兵器等に該当するものを除く。)

注1) 契約書や輸出者が入手した文書等での記載又は輸入者等から連絡を受けた場合等から判断する。
注2) 経済産業省作成の「明らかガイドライン」により, 用途及び取引の条件・態様から判断する。

(注 A) 大量破壊兵器の開発等に用いられるおそれの強い貨物例を輸出する場合は, 輸出者においては特に慎重な確認が必要です。
(注 B) 輸出令別表第3の2に掲げる地域を仕向地等とする場合であって, 通常兵器の開発, 製造若しくは使用に用いられるおそれの強い貨物例を輸出する場合は, 輸出者においては特に慎重な確認が必要です。
(注 C) 輸出者による確認のポイントは, ①用途確認 (エンドユース) ②需要者確認 (エンドユーザー) の2点です。
(注 D) 需要者が外国ユーザーリストに記載されていないか確認してください。
(注 E) 需要者が需要者要件に該当する場合は, 「おそれがない」ことが「明らかなとき」を判断するためのガイドラインを確認してください。

※上記フローは輸出貿易管理令別表第1の16の項に係るものであり, 同表1〜15の項の許可に係る手続又は輸出貿易管理令別表第2の承認に係る手続は対象外。

> 上記フローは, 一つの参考例を示したものであり, 手続等の手順は各企業に委ねられるものである。

(出所)　経済産業省ウェブサイト

　インフォーム要件は, 経済産業大臣から, 事業者に対して, 取り扱っている貨物・技術が大量破壊兵器等または通常兵器の開発等に用いられるおそれがあることから輸出に許可を必要とする旨を通知する仕組みです。

　大量破壊兵器等に関するキャッチオール規制は, 客観要件とインフォーム要件の両方が適用される厳しい規制になっています。これに対して, 通常兵器に関するキャッチオール規制は, 国連武器禁輸国・地域以外を仕向地とする場合にはインフォーム要件のみ適用があり, 国連武器禁輸国・地域を仕向地とする場合には客観要件のうち用途要件のみ適用があり, 需要者要件は適用がありません。

【図表50－3】リスト規制とキャッチオール規制の概要

	リスト規制	キャッチオール規制		
		大量破壊兵器等	通常兵器	
対象品目	リスト規制品目	リスト規制品目以外の全品目（食料品，木材を除く）		
対象地域	全地域	全地域（グループA[4]を除く）	国連武器禁輸国・地域[5]	一般国
クリアすべき要件	－	a) インフォーム要件 b) 用途要件 c) 需要者要件	a) インフォーム要件 b) 用途要件	a) インフォーム要件

4　輸出令別表第3の掲載国であり，2022年現在，26カ国が該当します（アルゼンチン，オーストラリア，オーストリア，ベルギー，ブルガリア，カナダ，チェコ，デンマーク，フィンランド，フランス，ドイツ，ギリシャ，ハンガリー，アイルランド，イタリア，ルクセンブルグ，オランダ，ニュージーランド，ノルウェー，ポーランド，ポルトガル，スペイン，スウェーデン，スイス，英国，米国）。これらの国に向けた貨物・技術の輸出は，キャッチオール規制の対象とはなりません。かつて，ホワイト国と呼ばれていましたが，現在はグループAと呼ばれています。

5　輸出令別表第3の2の掲載国であり，2022年現在，アフガニスタン，中央アフリカ，コンゴ民主共和国，イラク，レバノン，リビア，北朝鮮，ソマリア，南スーダン，スーダンを指します。

Q 51 輸出の意義（貨物）：海外子会社・日系企業への輸出

外為法の規制対象となる「輸出」とはどのような行為を指しますか。

a．典型的なモノの売り買い以外に「輸出」として規制を受ける行為はありますか。

b．自社の海外子会社や海外の日系企業へ輸出する場合でも，外為法の規制は及びますか。

ポイント

✓ 貨物の輸出規制は，典型的なモノの売り買いに伴う輸出だけでなく，無償サンプルの提供や海外への返品などに伴う輸出に対しても及びます。

✓ 輸出規制の対象となる輸出の相手方に制限はなく，自社の海外子会社や海外の日系企業に輸出する場合も，外為法の規制を受けます。

A．解説

法48条は，貨物の「輸出」を規制の対象としています。

「輸出」とは，貨物を外国に向けて送付することを指し，モノの売り買いに伴う典型的な商売上の輸出だけでなく，外国の展覧会に自社製品を出品する場合，商談のために自社製品を携行して海外出張する場合，無償サンプルとして提供する場合や返品のために商品を外国へ返却する場合なども外為法上の「輸出」に含まれます。

また，輸出の相手方に制限はありませんので，自社の海外子会社や海外の日系企業を相手方として輸出する場合であっても，外為法上の規制を受けます。

Q 52　輸出の意義（技術）：外国人従業員・留学生等への技術の提供（みなし輸出管理）

国内に在留する外国人従業員・留学生に対して技術を提供することは，外為法の規制を受けますか。

また，日本人従業員に対して技術を提供することが，外為法の規制を受けることはありますか。

ポイント

✓　技術については，貨物と異なり，外国に持ち出す場合だけでなく，国内の行為であっても規制を受ける場合があります（みなし輸出管理）。

✓　みなし輸出管理の対象となるのは，技術提供の相手方が，①特定の外国に属する非居住者，または②特定の外国とのつながりが強い居住者である場合です。

✓　そのため，国内に在留する外国人従業員・留学生に対して技術を提供する場合や日本人従業員に技術を提供する場合であっても，外為法の規制を受けることがあります。

A. 解説

1　はじめに

法25条は，技術の輸出を規制の対象としています。外為法上，技術については，「輸出」という言葉は使われておらず，「提供」という言葉が使われています。

ここでいう「提供」とは，他者が技術を利用できる状態に置くことをいい，その方法は問われません。したがって，①技術が記載された資料や技術が記録されたUSBを渡すこと，②メールやクラウドサービスなどを通じて技術情報を入手できる状態に置くこと，③商談で技術内容を紹介したり，取引先の工場

で技術指導を行うことは，いずれも規制の対象になります。

　また，技術については，国境を跨ぐ場合（輸出）だけでなく，国内で完結する行為（みなし輸出）も規制の対象とされています。つまり，技術を国外へ持ち出す行為のほか，国内にとどまる行為であっても，特定の外国の非居住者または特定の外国とのつながりが強い居住者に対して技術を提供することは，規制の対象となり，許可が必要とされる場合があります[1]。前者（国境をまたぐ場合）は地理的概念による規制，後者（みなし輸出）は人的概念による規制といわれることがあります。

2　みなし輸出管理

　国内で技術を提供する行為が，みなし輸出管理として，外為法の規制を受けるのは，技術提供の相手方が，①特定の外国の非居住者である場合，または②特定の外国とのつながりが強い居住者[2]である場合です。②の類型は，特定類型と呼ばれており，以下の３つの場合があります[3]。

【図表52－１】特定類型の内容と具体例

	特定類型の内容	身近な具体例
a	外国法人[4]または外国政府等と雇用契約等を締結しており，当該外国法人または外国政府等の指揮命令に服するまたはそれらに対して善管注意義務を負う者[5]	● 外国企業にも籍を置いて兼業している日本の企業の従業員 ● 外国企業の取締役等にも就任している日本企業の取締役等
b	外国政府等から多額の金銭その他の重大な利益[6]を得ている者または得ることを約している者	● 外国政府等から経済的な支援（留学資金・研究資金）を受けている大学や研究施設の留学生・研究者
c	日本国内における行動に関し外国政府等の指示または依頼を受ける者	● 外国政府からの指示で日本において特定の調査を依頼されている従業員

　近年は，国際的な産学連携の進展や有能な外国人留学生・従業員の受入れ等を通じて，国際的な人材交流，人材の流動化・多様化が進んでいます。また，政府が推進する働き方改革の下で，兼業・副業を認める動きも広がってきています。機微技術を取り扱う企業は，うっかりミスで「みなし輸出管理」の規制に違反しないよう，従業員の管理をはじめとした実効的な管理体制の整備を行う必要があります。

【図表52－2】みなし輸出管理

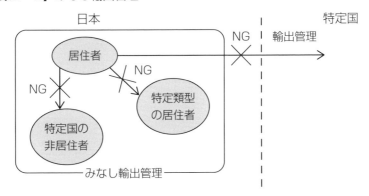

1　規制の対象となる技術や国については，リスト規制とキャッチオール規制に関するQ50を参照。
2　法25条の条文上は，みなし輸出管理における技術提供の相手方は「非居住者」であることが明記されていますが，役務通達において，「居住者」に対する技術提供であっても，「非居住者」に対する技術提供として取り扱うべき場合があるとして，規制の範囲が拡張されています。通達は行政機関の内部文書にとどまり，国民に対する法的拘束力がなく，裁判所を拘束するものでもないことを前提としても，このように，法律の明確な文言に反しかねない内容の通達を定めることに問題がないのかは検討を要します。
3　詳細は，役務通達1（3）サ①から③まで，および同別紙1-3「特定類型の該当性の判断にかかるガイドライン」を参照。
4　いわゆる外資系の日本法人は，ここでいう外国法人には該当しません。
5　①対象者が日本法人とも雇用契約等を締結しており，指揮命令等について日本法人の指揮命令等が優先すると合意している場合や，②対象者が日本法人とも雇用契約等を締結しており，かつその「日本法人のグループ外国法人等」と雇用契約等を締結している場合は，除かれます（「日本法人のグループ外国法人等」とは，当該日本法人の50％以上の議決権を保有する外国法人等，または当該日本法人により50％以上の議決権を保有される外国法人等を指します）。
6　年間所得の25％以上を占める利益をいいます。

Q 53　輸出者等遵守基準

輸出者等遵守基準について，教えてください。

ポイント

✓　輸出者等遵守基準とは，業として輸出を行う者が輸出を行うに際して遵守すべき基準のことです。

✓　すべての輸出事業者を対象とした遵守基準と，リスト規制品を取り扱う輸出事業者を対象とした遵守基準の２つの基準が設けられています。

A．解説

　輸出者等遵守基準とは，業として輸出を行う者が輸出を行うに際して遵守すべき基準のことであり，経済産業大臣が定めることとされています（法55条の10以下）。

　これを受けて定められた遵守基準省令では，①業として輸出を行う者を対象とした遵守基準（遵守基準省令１条１号）と，②リスト規制品を取り扱う者を対象とした遵守基準（遵守基準省令１条２号）の２つを設けています。①の基準は，業として輸出を行う全ての事業者が遵守する必要があることに留意が必要です。

【図表53－１】輸出者等遵守基準

業として輸出を行うすべての事業者が遵守すべき基準
ａ．輸出を行う貨物・技術がリスト規制の対象に該当しないかどうかを確認（該非確認）するための責任者を定めること
ｂ．輸出の業務に従事する者に対し，関連法令の規定を遵守するために必要な指導を行うこと
リスト規制品を取り扱う事業者を対象とした遵守基準（上乗せ基準）
ｃ．組織の代表者の中から輸出管理の責任者を選任すること

d．組織内の輸出管理体制（業務分担・責任関係）を定めること

e．該非確認に係る手続を定めること

f．輸出にあたり用途確認，需要者確認を行う手続を定め，手続に従って確認を行うこと

g．輸出時・出荷時に，該非確認した貨物・技術と輸出を行う貨物・技術が一致しているか確認を行うこと（同一性確認）

h．輸出管理の監査手続を定め，定期的に実施するように努めること

i．輸出管理の統括責任者および従事者に研修を行うように努めること

j．リスト規制貨物・技術の輸出に携わる子会社に対する指導・研修等を行う体制・手続を定め，定期的に指導・研修等を行うよう努めること

k．輸出等関連文書を適切な期間保存するように努めること

l．法令違反があった際は，速やかに経済産業大臣に報告し，再発防止のために必要な措置を講ずること

　経済産業大臣は，輸出者等遵守基準に従った輸出が行われるよう，輸出事業者に対して，指導・助言を行うことができます（法55条の11）。指導・助言を行ったにもかかわらず，輸出事業者がなお輸出者等遵守基準に違反している場合には，経済産業大臣は勧告を行うことができ（法55条の12第1項），輸出事業者が勧告に従わなかった場合には，行政処分として，勧告に係る措置に従うべき旨を命じることができます（同条2項）。この措置命令に違反した場合には，刑事罰（6月以下の懲役または50万円以下の罰金）の対象となります（法71条10号）。

Q 54　輸出貿易管理に関する行政上の措置・刑事罰

輸出貿易管理に関する行政上の措置・刑事罰について，教えてください。

ポイント

✓　無許可・無承認の輸出行為は，行政上の措置および刑事罰の対象となります。

✓　行政上の措置には，輸出禁止処分があり，一定の期間，貨物・技術を輸出することが禁止されます。

A．解説

　輸出貿易管理には，(i)安全保障貿易管理と(ii)安全保障以外を目的とする輸出貿易管理があります（Q48参照）。輸出に際して経済産業大臣の許可・承認が，必要とされる場合がありますが，必要な許可・承認を得ずに輸出を行った場合には，行政上の措置および刑事罰の対象となります。

　行政上の措置としては，違反者に対して，一定の期間において貨物・技術の輸出（および輸入）を禁止するという輸出（および輸入）禁止処分が定められています（法25条の2，53条）。

　また，刑事罰としては，懲役刑及び罰金刑（併科もあり）が規定されているほか，法人に対する両罰規定が置かれているため，法人の代表者や従業員の無許可・無承認での輸出に対しては，法人も刑事責任を問われることになります（法70条，72条）。

【図表54－1】主な違反行為に対する行政上の措置・刑事罰

	行為類型	行政上の措置	刑事罰
貨物	① 無許可輸出：法48条1項違反（安全保障貿易管理）	期間：3年以内 禁止行為：貨物の輸出および特定技術[1]の輸出（法53条1項＊）	大量破壊兵器関連以外の貨物の場合：7年以下の懲役または2,000万円[2]以下の罰金 （法69条の6第1項2号） 大量破壊兵器関連の貨物の場合：10年以下の懲役または3,000万円[3]以下の罰金（69条の6第2項2号）
	② 無承認輸出：法48条3項違反（安全保障以外を目的とする輸出貿易管理）	期間：1年以内[4] 禁止行為：貨物の輸出および貨物の輸入（法53条2項＊）	5年以下の懲役または1,000万円[5]以下の罰金（法69条の7第1項4号）
技術	④ 無許可輸出：法25条1項違反（安全保障貿易管理）	期間：3年以内 禁止行為：技術の輸出等および特定技術に係る貨物の輸出（法25条の2第1項）	上記①の貨物に関する無許可輸出（法48条1項違反）の場合と同じ。
	⑤ 無許可の役務取引[6]：法25条6項違反（安全保障以外を目的とする貿易管理）	期間：1年以内 禁止行為：役務取引（法25条の2第4項）	3年以下の懲役または100万円[7]以下の罰金（法70条1項18号）

1　「特定技術」とは，リスト規制の対象技術を指します。
2　違反行為の目的物の価格の5倍が2,000万円を超えるときは，その5倍以下の金額となります。
3　違反行為の目的物の価格の5倍が3,000万円を超えるときは，その5倍以下の金額となります。
4　法10条1項に基づく閣議決定による許可・承認の違反の場合は，3年以内の期間。
5　違反行為の目的物の価格の5倍が1,000万円を超えるときは，その5倍以下の金額となります。
6　「役務取引」とは，サービスの提供を指し，具体的には，保険，運送，加工，技術援助，情報提供，知的財産権のライセンスなどが挙げられます。
7　違反行為の取引の価格の3倍が100万円を超えるときは，その3倍以下の金額となります。

＊法53条1項，2項の行政上の措置に伴う追加措置[8]
①　役員就任の制限：違反者が個人である場合には，法53条1項，2項の禁止処分に際して，当該個人に対して，その禁止期間と同一期間，禁止処分の対象とされた業務を営む法人の担当役員になることを禁止することができます（法53条3項）。
②　業務の禁止：法53条1項，2項の禁止処分に際して，その禁止期間と同一期間，違反者の役職員（同禁止処分前60日以内に役職員であった者を含む。）に対して，禁止処分の対象とされた業務を新たに開始することを禁止することができる（法53条4項）。

　行政上の措置や刑事罰については，原則として企業名を含めた事案の概要が公表されますので，報道等を通じた社会的信用の失墜・企業イメージの低下は避けられません。株主代表訴訟をはじめとする法的責任追及への対応も必要になります。外為法所定の措置が発動されない場合でも，違反行為に対しては，警告（原則公表[9]）がなされ，また，経緯書・報告書の提出（原則非公表）を求められることがあります。

　一方で，違反行為を自主申告する場合には，処分等において考慮されることもあります。

　実効的な輸出管理体制を整備し，違反行為の予防・早期発見に努めることが重要です。

8　貨物に関する場合と異なり，技術に関する法25条の2に基づく行政上の措置としては，これらの追加措置は設けられていません。
9　情報提供を目的とする公表は，法律上の根拠がなくても行える一方，制裁目的の公表については，法律上の根拠がなければ行えないものと考えられています。したがって，警告に際して行われる公表は，あくまで情報提供を目的としたものでなければなりません。

2　輸　入

Q 55　貨物の輸入

> 貨物の輸入に関する外為法上の規制について，教えてください。

ポイント

✓　貨物の輸入については，一定の場合に，経済産業大臣の承認等が必要になります。

✓　違反行為に対しては，輸出入の禁止処分や刑事罰が定められています。

A．解説

1 ┃ 輸入に関する規制の概要

　貨物の輸入については，法52条において，①外国貿易および国民経済の健全な発展，②条約その他の国際約束の誠実な履行，③国際平和のための国際的な努力に我が国として寄与，および④我が国の平和および安全の維持という4つの観点から，経済産業大臣の承認を受ける義務を課すことができると定められています。

　身近な例としては，国連安保理決議に基づく北朝鮮からの貨物の輸入規制，ワシントン条約（絶滅のおそれのある野生動植物の種の国際取引に関する条約）に基づく動植物の輸入規制などがあります。

2 ┃ 輸入に関する規制の法体系

　輸入貿易管理の法体系としては，法52条の下位範として，輸入令において，承認を要する貨物の枠組み等が定められており，具体的な品目や範囲は，経済産業省告示である輸入公表において定められています。承認の申請手続については，輸入規則において定められています。以上のほか，輸入発表や輸入注意

事項などの通達において，行政機関の法令解釈に関する考え方が示されています。

3 ┃ 輸入規制の違反に対する行政上の措置・刑事罰

　輸入貿易管理の規制に違反した場合には，安全保障以外を目的とする輸出貿易管理と同様の行政上の措置[1]および刑事罰[2]が定められています（Q54参照）。

1　１年以内の期間に限っての貨物の輸出入を禁止する処分（法53条２項）のほか，役員就任の禁止等（同条３項，４項）の措置も定められています。
2　５年以下の懲役または1,000万円以下の罰金（法69条の７第１項５号）。

3　その他

Q 56　技術の輸出入

> 技術の輸出入に関する外為法上の規制について，教えてください。

A．解説

　技術の輸入については，技術導入契約の締結等として，対内直接投資等と同様に，外為法の第5章に規定が置かれ，一部の取引について事前届出の規制が行われています（Q26）。

　一方，技術の輸出については，資本取引等の一環として，外為法の第4章に規定が置かれ，一定の技術を輸出する場合には，許可が必要になります。技術の輸出と貨物の輸出とは，ほぼパラレルの規制内容となっているため，本書では，貿易編の中で取り扱っています（Q48以下）。

Q 57　仲介貿易の規制（三国間貿易と外為法）

> 仲介貿易（三国間貿易）に関して，外為法上の規制は及びますか。

A. 解説

　仲介貿易とは，外国相互間の貨物の移動を伴う売買，貸借または贈与に関与する取引を指します。日本と外国との間の国境をまたぐ取引ではなく，外国Ａと外国Ｂとの間の国境を跨ぐ取引について関与する場合がこれに当たります。

　仲介貿易については，通常の貿易管理と同じく，(i)安全保障貿易管理と(ii)安全保障以外を目的とする貿易管理の2つの規制があります（Q48参照）。

　安全保障貿易管理については，法25条4項に基づき，①輸出令別表第1[1]の1項所定の貨物を対象とする場合，または②同別表第1の2項から16項所定の貨物を対象とする場合であって大量破壊兵器の開発等のために用いられるおそれがある場合に，経済産業大臣の事前の許可を得る必要があります（外為令17条3項）。

　安全保障以外を目的とする貿易管理については，法25条6項に基づき，許可を受ける義務が課されることがあります。

　いわゆる三国間貿易は，仲介貿易として外為法の規制を受けます。外国相互間の取引に関与するだけであっても，外為法の適用を受ける場合があることには，留意が必要です。

1　同別表第1の対象貨物については，Q50参照。

【図表57-1】仲介貿易

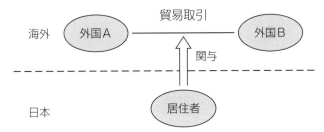

第 **5** 章

海 外

(Q58)

Q 58　諸外国の法制

諸外国の投資規制・貿易管理に関する安全保障法制について，教えてください。

ポイント

✓　近年，グローバル化の流れは転換期を迎えており，各国は，保護主義的な傾向を強め，安全保障の観点から，投資規制・貿易管理体制の見直し・強化を行っています。

✓　米国やEUでは，直接投資だけでなく，間接投資も投資規制の対象とされるなど，規制内容は日本と異なります。貿易管理に関しても，米国では再輸出が規制対象とされ，また，米国，EUともに人権の観点からの輸出管理が行われるなど，国・地域により日本とは異なる特色があります。

A・解説

1　はじめに

グローバル化の進展により，多くの国は経済成長を果たし，これまで恩恵を受けてきました。しかしながら，米中の貿易摩擦に代表されるように，昨今では，国家間の利害衝突は先鋭化し，グローバル化の負の側面に焦点が当てられるようになっています。

このような流れの中，各国は，保護主義的な傾向を強め，安全保障の観点から，投資規制・貿易管理体制の見直しを行っており，これまで長い歳月をかけて作り上げられてきた自由化の枠組みは，転換期を迎えています。

以下では，大規模経済圏であり，日本とも経済的つながりの強い米国，EUおよび中国の投資規制・貿易管理体制について，主に安全保障の観点から簡単に紹介します。

　日本企業が海外投資を行う場合には，相手国・地域の投資規制が問題となります。また，海外子会社など海外に拠点があれば，海外拠点は現地国の輸出規制を受けますし，米国のように再輸出規制を行っている国も存在します。日本企業であっても，海外の投資規制や輸出規制に注意を払わなければなりません。

2 ｜ 米 国

(1) 投資規制

　米国では，1950年に制定されたDefense Production Actの721条に基づき，CFIUS（対米外国投資委員会：The Committee on Foreign Investment in the United States）に対して，外国からの投資を審査する権限が与えられています。CFIUSは，議長である財務長官のほか，法務省，商務省，国防総省，国務省などの複数の省庁のトップを構成メンバーとする省庁横断的な組織です。

　2018年にFIRRMA（外国投資リスク審査近代化法：Foreign Investment Risk Review Modernization Act）が成立し，CFIUSの審査権限が強化されました。具体的には，従来から審査対象であった支配権取得を伴う投資だけでなく，従来は対象外であったマイノリティ投資や不動産投資（基地周辺など）に審査権限が拡大されるとともに，外国政府系企業による投資や特定の産業分野における重要技術関連の投資など一定の取引について事前の申告[1]が義務づけられました。

　日本の外為法上の投資規制との違いとしては，大きく，次の2点を指摘することができます（Q5参照）。1点目として，米国では，直接投資だけでなく，間接投資も規制の対象になります。したがって，たとえば，日本法人同士の買収案件であっても，対象会社が米国に子会社を持っている場合には，CFIUSの審査権限が及びます。2点目として，事後介入の権限が挙げられます。つまり，CFIUSは，事前の審査を経ていない取引について，問題が発覚した場合には，取引完了後であっても，事後的に審査を行うことができます[2]。

1　申告義務に違反した場合は，25万ドルまたは投資金額のいずれか大きい額を上限とする罰金が規定されています。

(2)　貿易管理

　米国における貿易管理のうち，実務上重要なものとして，商務省産業安全保障局（BIS[3]）が所管するデュアルユース品（軍事転用可能な汎用品）に関する輸出管理規則（EAR[4]）と，財務省外国資産管理室（OFAC[5]）が所管する制裁の2つを挙げることができます。

　米国は，日本と同様，国際輸出管理レジーム（Q48参照）に参加しており，その取組みとして，BISは，EARに基づき，輸出管理を行っています。米国の輸出管理の特徴は，再輸出を規制している点です。すなわち，米国から米国外の国への輸出の場面だけでなく，当該米国外の国からさらに他国へ輸出する際にも，EARの規制が及びます（域外適用）。したがって，日本企業が米国から輸入した物品を他国へそのまま輸出したり，加工後に輸出したりする場合には，EARの規制に従って，必要に応じて許可を取得しなければなりません。

　なお，2020年10月にEARが改正され，輸出許可の判断に際して，人権上の懸念が考慮されることが明示的に規定されました。

　OFACは，安全保障や外交政策の観点から発動される経済制裁措置を所管しています。OFACのホームページでは，経済制裁の対象者・企業のリストが公表されており，よく知られているところでは，キューバ，イラン，テロリスト，暴力団，近時のウクライナに対する軍事行動に関連したロシア関係者・企業が含まれますが，それ以外にも多くの対象者・企業が掲載されています。

2　このような事後的な審査を避けるために，申告義務がない場合であっても，CFIUSのクリアランスを得るために，任意の申告（voluntary declaration）や通知（notice）を行うことがあります。任意の申告は，FIRMMAにより導入された新しい制度であり，従来から存在する通知の制度に比べて，通常，審査期間が短く，取引当事者の負担は軽減されます。
　なお，2021年度における申告（任意を含む）の件数は164（うち日本からの投資は11件），通知の件数は272（うち日本からの投資は26件）です。（U.S. Department of the Treasury, CFIUS Annual Report to Congress CY-2021）
3　Bureau of Industry and Security
4　Export Administration Regulations
5　Office of Foreign Assets Control

3 ｜ 欧州連合（EU）

(1) 投資規制

　EUでは，2019年に，対内直接投資に関する規則[6]が成立し，2020年10月11日から全面施行されています。同規則の下では，加盟各国は，EU域外からの投資案件について国内法に基づき審査を行う際に，欧州委員会および他の加盟国に対して，当該投資案件について通知するとともに，必要な情報を提供することが義務づけられています。通知を受けた欧州委員会および他の加盟国は，安全保障に影響があると判断した場合，当該通知を発した加盟国に対して，意見等を発することができます[7]。加盟各国は，これら意見等に対して適切な配慮（due consideration）を行う必要がありますが，意見等に従う必要はなく，投資を認めるか否かの最終判断を行う権限を有しています。

　このように，EUの対内直接投資に関する規則は，欧州委員会および加盟各国間の協力体制の仕組みを構築するにとどまり，加盟各国の国内法に基づく審査制度とは別に，EUレベルでの審査制度を新たに構築するものではありません。したがって，EU域内への直接投資を行う際に，加盟各国の国内法で求められる届出等に加えて，EUレベルでの届出等が求められるものではありません。

　なお，同規則の適用対象には，直接投資だけでなく，間接投資も含まれますので，投資先がEU域内に子会社を有する場合には，EU域外の事業者間の投資案件であっても同規則の適用を受ける点に留意が必要です。

6　Regulation (EU) 2019/452 of The European Parliament and of The Council of 19 March 2019 establishing a framework for the screening of foreign direct investment into the Union
7　加盟各国は自国の安全保障に影響する場合に，欧州委員会は2つ以上の加盟国の安全保障に影響する場合に，意見等を発することができます。

(2)　貿易管理

　EUの安全保障貿易管理は，2021年に制定された新たな輸出管理規則[8]の下で行われています。同規則は，デュアルユース品の輸出管理について定めるもので，国際輸出管理レジーム（Q48参照）を踏まえた内容となっています。

　EUの輸出管理規則の特徴は，輸出管理において，人権という観点を明示的に規定している点です。このことは，人権侵害につながるおそれがある場合には，兵器などの軍事的な利用のおそれがあるかどうかという従来の伝統的な安全保障の観点いかんにかかわらず，輸出規制が行われることを意味します。EUでは，2022年3月に人権デュー・ディリジェンス法案が発表されるなど，ビジネスと人権に関する取組みが意欲的に進められており，このような取組みの輸出管理面での表れといえます。

4　中　国

(1)　投資規制

　中国における安全保障の観点からの投資規制として，2021年1月18日に施行された外商投資安全審査弁法があります。

　同法の下では，大きく，軍事関連分野への投資とそれ以外の分野[9]への投資とで取扱いが異なります。前者は，支配権の取得の有無にかかわらず，当局の審査の対象となります。後者は，支配権を取得する場合に限って，審査の対象となります。支配権の取得は，事実上のもので足りるとされており，取締役会や株主総会において重大な影響力を行使できるかどうか，その他経営判断や人事・経理・技術などの点で重要な影響力を行使できるかどうかといった観点から判断されます。

　米国やEUと同じく，間接投資も規制の対象となりますが，間接投資におい

8　Regulation (EU) 2021/821 of The European Parliament and of The Council of 20 May 2021 setting up a Union regime for the control of exports, brokering, technical assistance, transit and transfer of dual-use items。

9　代表的なものには，農産物，エネルギー資源，設備製造，インフラ，交通機関，工芸品・サービス，IT・インターネットなどの分野があります。

ては中国の安全保障に影響する場合が少ないことや，届出違反に対する制裁が定められていないことなどを理由に，実務上は，届出を行わないという選択をする事業者もいるようです。

(2) 貿易管理

中国では，2020年に，安全保障の観点からの包括的な基本法として，輸出管理法が制定されました（2020年12月1日施行）。

同法の留意点としては，「再輸出」が規制の対象とされている点です。もっとも，「再輸出」の意義については，米国の輸出規制と同じく，中国からの輸入品を第三国へ輸出する行為を規制する趣旨であるのか，あるいは，港や空港で貨物を積み替える行為を規制する趣旨であるのか，明らかにはなっていません[10]。多くの日本企業は，原材料や部品の調達を中国に頼っており，仮に前者の意義であるとすれば，規制の内容次第ではありますが，深刻な影響が及びます。

各国は，安全保障の名の下に貿易管理体制を強化しており，この傾向は今後も続くものと思われます。特に，国際輸出管理レジームに参加していない中国については，日本の輸出管理の感覚で対応していたのでは，足をすくわれることになりかねないため，一層の注意を払うことが望ましいといえます。

---

10 この点は，今後制定される輸出管理条例（本書執筆時点で未制定）において明らかにされることが期待されていますが，2022年4月にパブリックコメントに付された同条例の草案においては，「再輸出」の意義についての十分な説明はなされていません。

【著者紹介】

貞　嘉徳（さだ　よしのり）
弁護士／きっかわ法律事務所　パートナー

〈略歴〉
2003年同志社大学商学部卒業。2006年弁護士登録。2011年 Leiden University LLM（EU・国際通商法）修了／オランダ。2012年 Hengeler Mueller（Brussels office）。2016年 Echelon Wealth Partners（Vancouver office）。

〈取扱業務・著作等〉
国際取引，M&A，競争法，危機管理・不祥事対応，倒産・清算・事業再生を中心に，幅広く企業法務案件を取り扱っている。EU 法に明るく，海外での留学・勤務経験を活かし，特に欧州，北米，アジアを中心とした国際案件に力を入れている。
最近の著作として，『独占禁止法ハンドブック』（共著・大阪弁護士会協同組合，2021年）（共著），「連載　日本の法務担当者が知っておくべきアメリカの労働法制」（共同執筆・ビジネス法務2022年8月号〜）など。

高田翔行（たかだ　しょうご）
弁護士・ニューヨーク州弁護士／きっかわ法律事務所

〈略歴〉
2009年京都大学法学部卒業。2011年京都大学法科大学院修了。2012年弁護士登録。2017年 New York University School of Law（LL.M.）修了。2017年　Fox Rothschild LLP（New York）。2018年ニューヨーク州弁護士登録。

〈取扱業務・著作等〉
会社法・金融商品取引法を中心とする企業法務（M&A，コーポレート・ガバナンス，資金調達等），海外進出や海外企業との取引に関する渉外業務，商事訴訟をはじめとする様々な紛争解決を取り扱う。
また，外国法，スタートアップ投資，会社法や知的財産権に関するものなど，多数の著作を有する。投資規制に関する最近の著作として，「UAE，エジプト，アルジェリア，スーダンの外資規制と現地進出企業への示唆」（共著・ビジネス法務2022年1月号）など。

経済安全保障×投資規制・貿易管理

外為法 Q&A

2023 年 4 月 15 日　第 1 版第 1 刷発行

著　者	貞	嘉　徳
	高　田	翔　行
発行者	山　本	継
発行所	㈱中央経済社	
発売元	㈱中央経済グループ パブリッシング	

〒 101-0051　東京都千代田区神田神保町1-31-2
電話　03 (3293) 3371（編集代表）
　　　03 (3293) 3381（営業代表）
https://www.chuokeizai.co.jp

印刷／文唱堂印刷㈱
製本／㈲井上製本所

© 2023
Printed in Japan

会社法施行規則・会社計算規則を完全収録!

「会社法」法令集 第十四版

中央経済社 編　A5判・744頁　定価3,740円(税込)

◉重要条文ミニ解説
◉会社法−省令対応表　付き
◉改正箇所表示

令和4年9月1日までの法令改正を反映した最新版。令和
元年改正会社法の改正箇所を施行日ごとに色分け表記し、
条文理解を助ける「ミニ解説」を加筆。実務必携の一冊!

本書の特徴

◆会社法関連法規を完全収録
☞ 本書は、平成17年7月に公布された「会社法」から同18年2月に公布された3本の法務
省令等、会社法に関連するすべての重要な法令を完全収録したものです。

◆改正箇所が一目瞭然!
☞ 令和元年改正会社法の2つの施行日(令和3年3月1日、同4年9月1日)ごとに改正箇所を明示。
どの条文がどう変わったか、追加や削除された条文は何かなどが一目でわかります!

◆好評の「ミニ解説」さらに充実!
☞ 令和4年9月1日施行の改正箇所を中心に、重要条文のポイントを簡潔にまとめた「ミニ
解説」の加筆・見直しを行いました。改正が実務にどう反映されるかがわかります!

◆引用条文の見出しを表示
☞ 会社法条文中、引用されている条文番号の下に、その条文の見出し(ない場合は適宜工
夫)を色刷りで明記しました。条文の相互関係がすぐわかり、理解を助けます。

◆政省令探しは簡単!条文中に番号を明記
☞ 法律条文の該当箇所に、政省令(略称=目次参照)の条文番号を色刷りで表示しました。
意外に手間取る政省令探しもこれでラクラク。

中央経済社